KB126236

경제파국으로 치닫는
금융위기

경제파국으로 치닫는

금융위기

최용식 지음

도서출판 새빛
AEVIT

경제위기와 경제파국의
전개과정과 결말

경제위기는 왜 발생하고, 어떤 전개과정을 거치며, 어떤 결말을 남길까? 이 책은 이 질문을 해명하기 위해 쓰여졌다. 독자 여러분은 이 책을 통해 경제위기를 스스로 진단해내고, 나아가 향후 나타날 경제위기를 스스로 예측해낼 수 있기를 기대해 마지않는다. 이것이 이 책을 펴내는 취지다. 그게 어떻게 가능할까? 경제병리학을 공부하면 그것이 얼마든지 가능하다는 것이 필자의 믿음이다. 많이 부족한 나도 경제위기의 발생을 지금까지는 한 번도 놓치지 않았고, 그 전개과정의 예측도 아직은 틀린 적이 없으므로 더욱 그렇다.

물론 현 경제학에는 경제병리학이 존재하지 않는다. 하지만 이것은 참으로 이상한 일이 아닐 수 없다. 경제학의 롤모델role model인 생물학에서는 생리학보다 병리학이 훨씬 더 깊고 광범위하게 발달해 있기 때문이다. 나는 경제학에서도 경제병리학이 수립돼야 한다고 굳게 믿었으며, 이런 믿음을 바탕으로 경제병리학의 일반원리를 구축하기 위해 오랜 세월 온갖 노력을 다해왔다.

마침내 나는 경제질병 즉, 경제위기와 경제파국이 왜 발생하고 어떤 전개과정을 거치는지 그리고 그 결말은 어떻게 나타나는지를 규명할 경제원리를 발견하게 되었다. 그 경제원리를 경제현실에 적용하여 그 실용적 타당성을 검증하고 또 검증했다. 그랬더니 경제위기의 발생과 그 전개상황을 충분히 예측할 수 있는 수준에 이르렀다. 그 내용을 이 책에 최대한 많이 담으려고 노력했다.

필자처럼 'Predicting Economics: K-Economics' 라는 제목의 책을 완성하는데 수십 년 이상의 세월을 보냈어야 할 정도로 비범하지 못한 사람이 경제위기와 그 전개과정은 물론이고 결말까지 예측해낼 수 있을 정도라면, 이 책을 읽는 분이라면 누구나 그것들을 예측해내는 게 불가능한 일은 아닐 것이라고 나는 믿는다. 만약 그렇게 된다면, 장차 여러분의 경제생활은 다른 사람보다 그리고 지금보다 훨씬 더 윤택해질 수 있을 것이다. 이제 그런 기대감을 갖고 이 책을 즐겁게 탐독하시길 바란다.

특히, 현재 진행 중인 세계적인 금융위기가 왜 발생했고 어떻게 진행하고 있는지, 우리나라 경제는 물론이고 세계경제와 미국, 중국, 일본 등 주요 국가들의 경제는 향후 어떻게 전개될 것인지 등을 정확하게 예측해낼 수 있다면, 지금 당장에라도 이 책을 읽는 독자 여러분의 경제생활에 큰 도움이 될 수 있을 것이다. 이 책의 말미에는 내가 예측한 내용을 자세하게 실어놓았으므로, 여러 뛰어난 분들의 경제예측과 함께 참고하면 좋을 것이다.

이 기회에 왜 내가 현 경제상황을 '파국을 향해 치닫는 폭주열차'로 표현했는지 간단하나마 먼저 밝혀두는 것이 좋겠다. 실제로, 2023년에는 세계경제가 심각한 경제난을 겪을 것이 거의 확실하다. 중국의 성장률은 중국정부의 통계조작만 없다면 -5%대 초반을 기록할 것이고, 지난 30여 년 동안 경제체질이 약해질 대로 약해진 일본의 성장률은 그보다 더 낮은 -5%대 후반을 기록할 것으로 전망된다. 이것이 얼마나 참혹한 것인가는 1998년 우리나라 성장률이 -5.5%를 기록했을 때, 노숙자가 넘쳐났고 자영업자는 수십만이 도산해 수많은 가정이 파괴되었던 것을 상기하면 쉽게 이해할 수 있을 것이다. 그밖에 우리나라를 비롯한 거의 모든 국가의 경제성장률도 마이너스를 기록할 것이라는 게 내 예측이다.

위와 같은 내 경제예측이 비록 비관적이지만, 독자 여러분의 경제예측과 경제생활에 다소나마 도움을 줄 수 있기를 기대한다. 어떤 비극도 예측할 수 있으면, 미리 예방하거나 피해를 최소화시킬 수 있을 것이다. 이 책의 필자로서, 독자 여러분께 감사한 마음으로, 그렇게 되기를 간절히 기대해 마지않는다.

2022년 10월 하순
저자 최용식 드림

| 차례 |

프롤로그 — 경제위기와 경제파국의 전개과정과 결말   4

1장 경제파국을 향해 폭주하는 열차

1   내 경제예측과 1998년의 외환위기   16
2   무당 경제학자의 요설   23
3   한국은행의 자존심, 그 오만함   28

2장 예측, 경제예측, 경제위기 예측

1   너무 이른 예측은 오히려 위험하다   37
2   IMF 때보다 더 심각한 위기?   39
3   되새겨봐야 할 2008년의 환율변동   42
4   2008년 여름, 나에게 벌어진 일   44
5   미네르바는 과연 누구인가?   49
6   2007년 정초, 내게 강의를 요청한 '경희궁의 아침'   59
7   2006년의 홍콩 여행과 중국 여행   64
8   노무현의 대선과 내 역할   67
9   내가 걸어온 길을 이야기한 이유   79

3장 경제학과 경제위기

1	경제위기에 관한 한 경제학자들의 얘기는 듣지 마라	**85**
2	무능한 경제학이라도 공부해야 하는 이유	**91**
3	4차 산업혁명은 허구에 불구하다	**98**
4	경제학계에 어떤 업적을 남겼나?	**106**
5	경제학에는 왜 경제병리학이 없을까?	**123**
6	당신도 경제위기를 예측해낼 수 있다	**129**

4장 경제병리학의 일반원리

1	금융위기는 왜 반복적으로 발생하는가	**135**
2	금융위기가 발생하는 일반적 운동원리와 전개과정	**142**
3	수요의 시간이동과 수요의 공동화	**145**
4	신용파괴원리의 작동	**152**
5	경제의 역기능	**159**

5장 경제예측을 위한 경제진단, 그리고 환율

1	미국은 왜 강달러 정책을 펼칠까?	**171**
2	잘 모르면 환율에 관해서는 함부로 얘기하지 마라	**179**
3	환율변동과 국제수지	**184**

6장 왜 환율인가?

1   환율이 국내경기의 향방을 갈랐다   191
2   환율은 금융시장의 신용경색도 불렀다   202
3   환율은 경기 급상승을 일으키기도 했다   206
4   수출보다 더 중요한 것은 내수   211
5   문제는 환율이다   215

7장 환율변동의 과학적 구조

1   환율변동을 결정하는 것은 자본수지와 경상수지   224
2   자본수지는 성장률, 이자율, 환차익 등이 결정한다   232
3   경상수지는 먼저 가격경쟁력이 결정한다   242
4   품질경쟁력이 경상수지를 결정하기도 한다   248
5   국제경쟁력과 성장잠재력은 무엇이 결정하는가   252
6   국제경쟁력과 환율 중에서 어느 것이 앞서가는가   261
7   우리나라 환율정책은 올바르게 시행되고 있을까?   266

8장 경제위기와 경제정책

1   우리나라의 경제정책은 적절한가?   281
2   경제난의 심각성은 경제정책이 결정한다   288
3   금융위기 타격은 어떤 정책을 펼쳐야 최소화할 수 있을까?   300

9장 세계경제 2023년: 폭주하는 열차

1   2023년 세계경제   314
2   2023년 중국경제   317
3   2023년 미국경제   320
4   2023년 일본경제   324
5   2023년 한국경제   327

에필로그   334

1장

경제파국을 향해
폭주하는 열차

이 책을 쓰기 시작한 2022년 9월, 나는 대한민국의 경제상황을 '파국으로 치닫는 폭주 열차'라고 진단한다. 어쩌면 단군 이래 최대 난리라며 '환란'이라고 불렀던 1998년의 경제난보다 더 참혹한 사태가 닥칠지도 모를 정도로 지금의 우리나라 경제상황은 심각하다.

지난 몇 년 동안, 아무런 목소리도 내지 않고 잠잠하게 있던 내가 왜 갑자기 이런 자극적인 진단을 내놓고 있을까? 먼저, 정부의 경제정책이 실패하고 있고 그래서 장차 심각한 경제위기가 닥칠 것이라고 내가 아무리 목소리를 높여 미래형으로 경고하더라도 아무런 소용이 없었던 경험이 있었기 때문이다.

다음으로, 개인적으로는 "무당 경제학자가 요설을 퍼뜨리고 있다"는 비난을 들었던 과거의 쓰라린 경험 때문이다. 이 얘기는 나중에 자세히 언급할 것이다. 그리고 저명한 경제학자 중에서 누군가는 사후적으로나마 경제정책의 실패를 비판할 터이니, 내가 굳이 나서서 얘기할 필요가 없다고 느꼈기도 하다. 사실 정부의

경제정책이 적절치 못해서, 아니 처절하게 실패해서, 우리 경제와
국민이 심각한 경제난을 이미 여러 차례 절절히 겪은 바 있다.

앞으로 이 책에서 전개될 내용을 좀 더 정확하게 이해하기 위
해서는 정부 경제정책이 실패한 대표적인 과거 사례, 그리고 그
것을 내가 고위 정책당국자에게 직접 예고했으나 아무런 소용이
없었던 얘기부터 시작해보는 것이 좋겠다.

내 경제예측과
1998년의 외환위기

1990년대 초중반, 나는 당시 김영삼 정권의 최고 실력자 중 한 사람의 최측근과 함께 비교적 장기간 해외여행을 할 기회가 있었다. 1995년 여름 끝자락의 어느 날, 우연히 그를 만났다. 나는 지나가는 말로 "너희 큰일 났다. 이대로 가면 조만간 파국적 경제위기가 닥칠 것이고, 그러면 너희들은 영원히 고개를 들고 다니지 못할 수도 있다"라고 약간은 과장이 섞인 얘기를 해줬다.

그 친구는 뜻밖에도 민감한 반응을 보였다. "그게 무슨 말이냐? 자세히 좀 얘기해봐라"라고 나를 다그쳤다. 그와 함께했던 장기간의 여행 중에 우리나라 경제와 내가 연구하고 있던 경제학에 관해 종종 얘기했던 것이 이런 민감한 반응을 불러온 듯했다.

경제파국으로 치닫는 금융위기

그래서 "지금 어떤 일이 우리 경제에서 벌어지고 있고, 그 결과가 어떻게 나타날 것인가"에 대해서도 비교적 소상하게 설명해줬다. 그러자 그의 다음 반응이 놀라웠다.

"그게 진짜냐?"

"내가 아는 한 그렇다."

"확실하냐?"

"그렇다. 내가 분석한 범위 안에서는 100% 그렇다."

"확신하냐?"

"그렇다니까! 못 믿겠으면 그만 얘기하자."

"아니야, 아니야, 못 믿어서가 아니라, 그러면 진짜로 큰일 나는 것 아니냐? 그래서 거듭 확인하는 것이다."

"나는 확신하고 또 확신한다."

"그럼 시간 좀 내줄 수 있겠냐?"

"뭐하게?"

"경제부총리를 한번 불러내 볼까 한다. 그와 함께 얘기해보는 게 어떻겠냐? 부총리가 안 되면, 다른 책임자, 권한이 충분한 고위당국자 라도 불러올게."

"우와 대단하네! 그렇게 할 수 있겠어?"

"그 정도는 할 수 있지."

"나는 여부가 없다. 무조건 시간을 낼 테니 그렇게 추진해봐라."

얼마 지나지 않아 그에게 연락이 왔다. 모일 모시. 신촌의 모처에서 만나자고. 나는 약속시간에 약속된 장소로 나갔다. 그 친구와 경제기획원 최고위 당국자 중 한 사람이 나를 기다리고 있었다(이 최고위 당국자의 구체적인 직책과 실명은 밝히지 않도록 한다). 그는 마지못해 나왔다는 인상을 팍팍 풍겼다. 나와 명함을 주고받으며 인사를 나눈 뒤에도 마찬가지였다. 그는 무시하는 표정을 여과없이 내게 보여줬다. 그도 그럴 것이 그가 상대하기에는 내 명함의 직책이 너무 보잘것없어 보였을 것이기 때문이다. 나는 그의 표정이 불쾌하기 짝이 없었지만, 그래도 성심성의껏 당시의 경제상황을 대충 다음과 같이 설명해줬다.

"성장률은 낮아지고 국내수요가 크게 줄었음에도 불구하고, 국제수지가 조만간 대규모 적자를 기록하는 것은 아닌지 우려됩니다. 무엇보다도 한국은행은 이미 1993년 말에 화폐발행잔액을 42%나 증가시켰습니다. 조만간 물가불안이 나타날 것 같고, 곧이어 물가상승의 악순환이 벌어질 것은 아닌지 걱정입니다. 그러면 국제경쟁력이 떨어져 국제수지 악화가 가속페달을 밟을 것 같습니다."

"경제기획원이 그만한 대비도 없이 경제정책을 펼치겠습니까? 걱정하지 않으셔도 좋습니다. 대비책이 충분히 마련되어 있습니다."

"그 대비책이 무엇인지 여쭤봐도 되겠습니까?"

"그건 아실 필요가 없습니다. 우리가 알아서 잘 할 거니까요."

그때 내 친구가 끼어들었다.

"이제 알았지? 너무 걱정하지 마라. 바쁘신 가운데 이렇게 시간 내주신 게 얼마나 고맙냐? 그러지 말고, 우리 술이나 한잔 마시자. 일부러 이 카페에 약속을 잡았다. 술을 마시면서도 허심탄회하게 얘기할 수 있잖아."

나는 하고 싶은 얘기가 아직 많이 남아 있었지만, 술판이 벌어지면 항상 그렇듯이 깊은 얘기를 할 분위기가 되지 못했다. 그날의 만남은 그렇게 아무런 성과도 없이 끝나고 말았다. 참고로 이상의 얘기는 내 오래된 기억을 총동원하여 작성한 것이라서 다소의 왜곡이 있을 수 있다는 점을 밝혀둔다.

그렇게 시간이 흘러, 1995년 초가을이 되었다. 내가 걱정한 대로, 경상수지가 대규모 적자로 돌아섰다. 참고로 1997년 말에 벌어졌던 외환위기, 구체적으로는 '외환보유고 고갈사태'는 경상수지 적자의 누적으로 벌어졌다는 점을 새삼스럽게 강조해둔다. 외환위기 직전 4년 동안의 경상수지 적자의 누적액이 1990년대 중반의 외환보유고보다 2배나 많았으니, 외환보유고가 고갈되지 않았으면 이것이 오히려 더 이상한 일이었을 것이다.

다만 경상수지 악화에 앞서서 일어나야 할 물가불안은 나타나지 않았다. 그 이유는 금방 알아챌 수 있었다. 김영삼 정권이 세계화를 내세워 국내시장을 대대적으로 개방했던 정책이 물가불안을 일어나지 않도록 했던 것이다. 다시 말해, 값싼 수입품이 국내시장에 물밀 듯이 쏟아져 들어오면서 국내물가를 안정시켰던 것이다. 그러나 그 대신 국제수지 적자는 더욱 빠른 속도로 커지고 있었다. 그렇게 세월은 무심히 흘러가고만 있었다.

　　나는 그 친구에게 전화를 걸어, 국가경제의 가까운 미래에 대한 내 걱정을 심각하게 털어놨다. 그는 이번에는 시큰둥한 반응을 보이며 말했다.

　　"야, 걱정하지 마라. 그것도 이미 대비해놓은 것 같더라."
　　"그렇게 쉽게 넘어갈 일이 아니야."
　　"나도 알아, 알아. 국회에 〈국제경쟁력강화특별위원회〉가 설치될 것이다. 관심이 있다면 그곳에 너를 소개해 줄게."
　　"나도 그건 잘 안다. 하지만 이미 1994년에도 〈국제경쟁력강화특별위원회〉가 설치되어 보고서를 냈지만 뚜렷한 성과가 없다. 우리나라 국제경쟁력은 하나도 개선되지 않았어. 경상수지 적자가 눈덩이 굴러가듯이 커지고 있는 것이 그 증명이야. 오히려 올해(1995년) 재정팽창률(예산)은 무려 43%에 달하고 있어. 국내경기는 더 과열을 일으킬 것이고 국제수지 적자는 더욱 커질 것이다."

"그럼, 니가 거기에 들어가서 활약을 하면 되겠네. 그래서 국제경쟁력을 크게 향상시키는 것은 어떻겠냐?"

"그곳에서 내가 할 수 있는 일이 뭐가 있겠냐? 그들은 우리나라에서 기라성같은 경제학자들이다. 그들이 과연 내 얘기를 들어주려고나 하겠냐?"

"야, 그러니까 그 흔한 박사학위라도 하나 따놓지 않고 그동안 뭐했냐?"

그는 귀찮다는 듯이 내 얘기를 막아섰고, 나도 더이상 그에게 매달릴 필요를 느끼지 못했다. 그래서 내가 생활비를 신세지고 있던 당시 야당인 민주당의 국회의원들을 접촉하기 시작했다. 다행히 내가 존경하던 유인학 전 국회의원이 내 얘기에 관심을 가져줬고, 그는 내 경고를 국회 본회의 대정부 질문에 반영하겠다고 약속했다. 그렇게 해서 제기된 것이 1995년 10월의 다음과 같은 경고였다.

"잠수함의 토끼처럼 우리 경제의 파국을 내다보면서, 본 위원의 판단이 제발 기우이기를 기원합니다."

나는 위와 같은 경고가 정부의 경제정책에 조금이라도 영향을 끼쳐 정책방향이 다소나마 바뀌기를 간절히 기대했다. 그러나 그 기대가 헛된 것임은 금방 드러났다. 정부의 경제정책은 전혀 변화가 없었던 것이다. 그리고 경상수지 적자는 더욱 커지기만 했다. 내 안타까운 마음은 날이 갈수록 더욱 커져갔다. 그래서 다른 방안을 강구해보기로 했지만, 뾰족한 수단이 찾아지지 않았다. 결국 앞서와 똑같은 방법을 다시 쓸 수밖에 없었다.

당시 야당의 다른 국회의원이었던 박석무 전 의원에게 국회에서 대정부 질문을 하도록 하는 방법이 그것이었다. 그리하여 나온 것이 이듬해인 1996년 10월의 다음과 같은 경고였다.

"피를 토하는 심정으로 정부 당국자에게 경고하고자 합니다. 지금 심각한 경제위기가 물밑에서 진행되고 있고, 조만간 수면 위로 부상하여 국가경제를 파탄으로 몰아갈 것이 우려됩니다."

위와 같은 내 경고는 또 아무런 소용이 없었다. 우리나라 경제는 점점 더 깊은 나락으로 빠져들어 갔다. 참고로 국회는 1997년에 또다시 〈국제경쟁력강화특별위원회〉를 설치하여 다양한 방안을 내놓았지만, 국제수지는 전혀 개선되지 않았고, 결국은 외환위기가 차츰 모습을 드러내기 시작했다.

무당 경제학자의 요설

그렇게 세월은 무심히 흘러 1997년 1월이 되었다. 드디어 '단군 이래 최대 난리'라고 불렸던 환란이 물밑에서 한창 진행되고 있었다. 그 출발점은 한보의 부도사태였다(이 문제는 뒤에 신용파괴원리를 다루면서 자세히 살펴볼 것이다). 나는 이번에도 다음과 같은 경고가 국회에서 제기되도록 모색했다.

"이제 경제파국은 피할 수 없게 되었습니다. 조만간 국가경제는 물론이고 우리 국민 모두가 과거에 볼 수 없던 참혹한 위기사태에 직면할 것입니다."

나는 위와 같은 경고가 국회 본회의에서 이뤄지길 기대했지만, 당시 내 얘기를 들었던 지대섭 전 의원은 "너무 자극적이다"라면서 자신에게 맡겨달라고 했다. 그리고 그가 속한 정당의 의원총회에서 그 얘기를 꺼냈다.

당내에서조차 어느 국회의원도 큰 관심을 보여주지 않았고 신문과 방송 등 어떤 언론도 그 경고를 보도하지 않았지만, 재정경제원과 한국은행은 아주 민감한 반응을 보였다. 직접 내게 전화를 걸어 항의해온 것이다. 나는 그들에게 다음과 같은 요지로 강력하게 맞받아쳤다.

"나는 어제오늘 이런 경고를 해온 게 아닙니다. 이미 1995년 여름에는 정부의 최고위 정책당국자를 직접 만나 오늘의 사태가 벌어질 것을 경고했고, 1995년과 1996년의 가을에는 오늘날과 같은 사태가 어떤 전개과정을 거쳐 벌어질지를 구체적으로 적시하여 경고한 바 있습니다. 이것은 국회 본회의 속기록에 나와 있을 것입니다. 직접 확인해보기 바랍니다. 그리고 경기진단에 관해서는 한국은행의 어느 누구보다 내가 훨씬 더 정확했다는 사실도 얼마든지 확인할 수 있을 것입니다. 그런데 이제야 나를 협박하다니, 이것이 국민의 공복으로서 할 일이라고 생각하십니까?"

그들은 더이상 나에게 얘기해봤자 아무런 소용이 없다는 것

경제파국으로 치닫는 금융위기

을 깨닫고, 다른 비열한 방법을 동원했다. 즉, 언론에 보도자료를 배포하여 내 경고를 전했던 그 국회의원을 간접적으로 공격한 것이다. 그 국회의원이 무엇을 경고했는지를 전혀 보도하지 않았던 신문들은 이번에는 그 반박 보도자료를 충실하게 보도했다. 참으로 어이없는 일이었다.

그뿐만이 아니었다. 『문화일보』는 「무당 경제학자의 요설」이라는 박스기사를 〈기자수첩〉을 통해 보도했다. 한국은행 관계자가 나를 그렇게 폄하했다는 것이다. 나는 즉각 문화일보 해당 기자에게 다음과 같은 요지의 이메일을 보내 항의했다.

"언론의 생명은 진실보도가 아닙니까? 왜 내가 '무당 경제학자'란 말입니까? 왜 내 주장이 '요설'입니까? 내 경제예측이 틀린 적이 있다면, 하나라도 적시해주길 바랍니다. 만약 그런 사례를 하나도 제시하지 못하면, 이것은 엄연히 내 인격에 대한 모독이자 명예훼손입니다. 〈기자수첩〉에 게재된 분량만큼 해명기사를 게재하지 않으면, 먼저 언론중재위원회에 제소할 것이고, 그다음에는 사법절차에 들어가겠습니다. 내 명예도 『문화일보』만큼 소중합니다."

『문화일보』는 그 뒤에 제목을 잘 보이지 않을 정도로 자그마하게 해명기사를 실은 바 있다. 분한 마음이 가라앉지 않았지만, 위의 내 경고를 제기했던 국회의원은 나를 불러 "더이상 문제를 확대하는 것은 바람직하지 않다"라며 말렸다. 중앙지 언론과 싸워서 좋을 게 없다는 것이었다.

내가 아주 오래된, 벌써 4반세기가 넘어가는 얘기들을 위와 같이 새삼스럽게 꺼내는 이유는 이 책을 읽는 독자라면 누구나 쉽게 짐작할 것이다. 이것은 예언자의 말로가 다들 비참했다는 역사적 사실과도 비슷하기 때문이다.

만약 예언자의 예측이 받아들여지지 않아 실제로 불행한 일이 터진다면, 어떤 일이 벌어질까? 그리고 이런 사실이 널리 알려진다면, 과연 어떤 일이 벌어질까? 당연히 그 책임에 대한 논란이 벌어질 것이다. 그러면 그 예언을 받아들이지 않은 권력자 혹은 실력자는 그 책임에서 벗어날 수가 없다. 그러면 또 어떤 일이 벌어질까? 그 권력자 혹은 실력자는 그 책임을 면하기 위해서, 그 예언이 세상에 널리 알려지기 전에 그 예언자를 학살하거나 사회에서 매장할 수밖에 없게 된다. 이것이 예언자의 운명이다. 지금도 마찬가지이다.

그래서 나는 위와 같은 다소 거북스럽고 장황한 얘기를 먼저

하고 있다. 즉, 내가 지금부터 "우리나라 경제는 파국을 향해 치닫는 폭주 열차와 같고, 앞으로 아주 심각한 경제난, 어쩌면 단군 이래 최대 난리라던 환란보다 더 참혹한 경제난이 벌어질 수도 있다"라는 경고가 또 '무당 경제학자의 요설'이라며 외면당하는 것을 예방하기 위해서라는 것이다. 내 명예가 다시 훼손당하지 않기 위해서도 그렇다.

무엇보다도 위의 내 경고가 조만간 실현될 것이 확실하다고 고민하도록, 그리고 정부가 그에 대한 대비책을 충실히 마련하도록 자극을 주기 위해서는, 위와 같은 다소 장황한 과거의 얘기가 필요하다고 생각했다.

한국은행의 자존심,
그 오만함

잠시 내가 겪었던 일을 하나 더 얘기해보자. 1998년 연초, 한국은행의 조사이사가 갑자기 내게 전화를 해왔다. "경기진단이 아주 뛰어나다고 알려져 있는데, 한국은행 관계자들과 워크숍을 한번 해보시면 어떻겠습니까?"라고. 나는 당연히 "좋습니다"라고 답변했고, 일정조율까지 마쳤다.

"내게 적대적이었던 한국은행이 왜 갑자기 그런 연락을 했던 것일까?"라는 생각이 들었다. 금방 그 이유를 알아챘다. 내가 1998년 대통령직인수위원회에 행정관으로 일한 것이 그들을 두렵게 한 것은 아닐까 라고 생각했다. 그들은 불과 얼마 전에 '무당 경제학자의 요설'이라며 나를 폄하했으니 말이다.

얼마 뒤 한국은행에서 관련 국장 몇 명과 과장 10여 명이 모인 워크숍이 마련되었고, 나는 그 자리에서 경기변동을 진단하는 방법을 구체적인 사례를 들어 설명해줬다. 그런 다음에, 한국은행의 성장률 발표를 전년동기대비 성장률에서 전기대비 성장률로 바꿔야 한다는 점을 강조하고 또 강조했다.

전년동기대비 성장률은 국내경기가 호조인가 부진인가를 판단하는 데에는 적합하지만, 국내경기가 향후 어떤 방향으로 전개될지를 미리 포착하기 위해서는 전기대비 성장률이 적합하다는 것이 내 설명이었다. 미국 등의 선진국에서는 성장률을 전기대비로 바꾼 것이 벌써 10년 가까이 지났다는 사실도 알려줬다. 그리고 전기대비 성장률을 발표할 때는 한 분기의 성장률이 아니라, 연률로 환산해서 발표해야 국내경기가 얼마나 빠르게 상승하는지 혹은 얼마나 빠르게 하강하는지를 정확하게 파악할 수 있다는 점도 누누이 설명해줬다.

한국은행 조사이사와 담당 국장은 성장률 발표를 그렇게 바꾸겠다고 내게 단단히 약속했다. 그러나 그들은 약속만 했을 뿐, 실행에 옮기지는 않았다. 나는 1년쯤 뒤에 한국은행의 조사이사를 국회에서 우연히 다시 만나, 왜 성장률 발표를 전기대비 성장률로 바꾸지 않는지를 물었다. 그는 곤혹스런 표정을 지으면서

"조만간 바꿀 것입니다"라고만 대답했다. 그러나 그런 소식은 끝내 들려오지 않았다. 나는 그 이유를 좀처럼 이해할 수가 없었다.

사실 대통령직인수위원회를 거친 사람들은 영전하는 것이 보통이다. 비교적 짧은 기간이지만 노동강도가 그만큼 강하고, 대부분 실력이 출중한 인재들이 뽑히기 때문이다. 실제로 행정부에서 파견된 공무원들은 조만간 특진하는 것이 일반적이고, 정치권 출신은 청와대 비서실 등에 특채되기도 한다.

그러나 나는 대통령직인수위원회에서 제법 큰 활약을 했음에도 불구하고, 어떤 영전이나 특채도 없었다. 한국은행 관계자들은 나를 무시해도 그만인 상황이 벌어진 것이다. 그러나 그들은 몰랐다. 내가 정치권 주변에서 여러 일을 한 것은 생활비를 벌기 위한 수단이었을 뿐, 정치할 생각이 전혀 없었다는 사실을 말이다. 나는 오로지 경제학을 연구하는 것이 하늘이 내게 부여한 소임이라고 여기고 있었을 따름이다. 지금도 마찬가지이다.

결국 한국은행은 성장률 발표를 전기대비 성장률로 바꾸기는 했다. 무려 10년이 지난 뒤인 2008년에야 말이다. 왜 그렇게 늦어졌을까? 미국은 이미 1990년대 초부터 전기대비성장률을 발표한다는 사실을 그들이 과연 몰랐을까? 내가 그 제안했을 때 이미 그들은 그 사실을 확인했을 것이 틀림없었다. 그럼에도 그들은 왜 즉각 그렇게 바꾸지 않았을까?

혹시 한국은행 관계자들은 성장률을 산출하는 GDP에 관한 한 자신들이 국내에서 최고여야 한다는 오만한 생각이 그렇게 했던 것은 아닐까? 실제로 내가 만나본 범위 안에서는, 한국은행 관계자들은 국내 어느 경제학자나 경제전문가보다 훨씬 뛰어났다. 한마디로, 그들의 자존심이 학위도 없는 무명소졸인 내 제안을 받아들지 못하게 했을 가능성이 크다는 것이다.

그뿐만이 아니다. 한국은행은 내가 제안한 지 24년이 지난 지금도 전기대비 성장률을 연률로 환산하여 발표하지는 않고 있다. 미국 등의 주요 선진국은 거의 모두 그렇게 발표하고 있는데도 말이다. 참으로 안타까운 일이다. 그들의 그런 자존심과 오만이 국내경기의 정확한 진단을 가로막고 있는데 말이다.

무엇보다 한국은행의 자존심과 오만은 국내경기의 잘못된 진단을 초래한 사례가 비일비재하고, 그런 잘못된 경기진단이 정부의 경제정책과 한국은행의 금리정책을 국내경기의 흐름과 배치되게 함으로써 경기변동을 극심하게 한 것은 물론이고 경제난까지 심화시키곤 하는 것이 오늘날의 불행한 현실이다.

그럼 기획재정부 등 정부의 다른 경제부처에는 위와 같은 오만이 없을까? 아니다. 한국은행의 오만은 그나마 애교로 봐줄 수준이라는 것이 내 판단이다. 특히 기획재정부의 오만은 하늘에 닿을 정도로 심각하다. 이 얘기는 차츰 하기로 하고 지금 우리 경제가 직면한 상황부터 얘기해보자.

2장

예측, 경제예측,
경제위기 예측

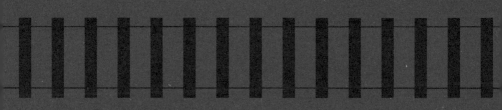

내가 평소에 존경하는 김영익 서강대 교수는 이미 2018년 9월에 『위험한 미래』라는 책을 출간하여 10년 만에 다시 찾아올 글로벌 금융위기를 예고했다. 그 뒤로도 그는 세계적인 금융위기, 국내경제의 파국적인 위기, 주식시장의 폭락사태 등을 언론 인터뷰와 유튜브 등을 통해 줄기차게 경고해왔다.

세계 3대 투자자이자 금융위기의 예측에서 최고의 권위자로 알려진 짐 로저스 역시 2021년부터는 자신의 인생에서 최악의 폭락장이 올 것이라고 예고해왔다. 그밖에도 국내외에서 많은 경제전문가들과 경제학자들이 최악의 금융위기가 다가오고 있다고 경고한 바 있다.

한 방송에서도 일찍이 세계적인 금융위기의 진행을 경고한 것 역시 찾아볼 수 있다. 즉, KBS가 2019년 3월28일에 방영한 「차이나 쇼크, 빈집 6천5백만 채의 비밀」이라는 특집프로가 그것이다. 이 프로는 제작기획자의 혜안이 빛난 것이라고 말하지 않을 수 없다. 그만큼 핵심을 찌른 방송이기 때문이다.

너무 이른 예측은
오히려 위험하다

그럼, 앞으로 언급할 내 예측과 이들의 예측 사이에는 어떤 차이가 있을까? 그들의 예측은 너무 이르게 이뤄졌다는 것이 현실에서는 문제를 일으킬 수 있다는 것이 문제이다. 물론 그 자체로도 큰 의미가 있고 대단한 분석이자 예측이라고 평가해야 한다. 다만, 이처럼 예측이 좀 이르게 나오면, 현실에서는 과연 어떤 일이 벌어질까를 살펴볼 필요가 있다.

위와 같은 극단적 위기론이 제기되면, 언론과 정책당국 그리고 많은 국민도 큰 관심을 보이기 마련이다. 그러나 경제위기가 금방 터지지 않으면 혹은 심각하게 진행하지 않으면, 사람들의 위기의식은 엷어지고, 나중에는 위기감이 둔화되고 만다. 이때

진짜로 금융위기가 진행되면, 이것마저 심각하게 받아들이지 않게 됨으로써 그 위기에 대처하는 자세가 안이해지고 만다. 나는 그들의 뛰어나고 이른 예측을 비판하자는 것이 아니라, 이런 현실적인 문제를 제기하고 싶을 따름이다. 즉, 그것을 받아들이는 사람들에게 문제가 있다는 것이다.

IMF 때보다 더 심각한 위기?

2022년 9월28일에 우리 환율이 1,400원을 돌파하자, "IMF 외환위기 당시와 유사하다"라고 경고하는 경제학자들이 나타났다. MBC는 10월 7일의 〈100분토론〉에서는 「우리나라, 제2의 외환위기 오나?」라는 주제로 방송을 진행하기도 했다.

과연 그럴까? 그렇게 될지도 모른다. 아니, 그렇게 흘러갈 가능성이 크다. 그래서 나는 대한민국 경제를 '경제파국을 향해 폭주하는 열차'라고 부른다. 그러나 경제파국에 이르는 과정은 위의 경제학자들과는 전혀 다를 것이 틀림없다. 아니, 위의 경제학자들은 우리나라 경제가 어떤 과정을 거쳐 심각한 경제위기로 치달을 것인지에 대해서는 그다지 큰 관심을 갖고 있지 않다. 하지만 그 전개과정을 정확히 파악해야 정부로서는 적절한 대책을 세울 수가 있고, 기업이나 개인 역시 어떻게든 대비책을 마련할 수 있다.

무엇보다, 그들은 외환위기의 원인조차 정확히 모르고 있다는 점이 심각하다. 그뿐만이 아니다. 그들이 사용한 'IMF 외환위기'라는 용어는 국가경제에 치명적인 폐해를 남길 수도 있는 아주 위험한 용어이기도 하다. 왜 그럴까?

'IMF 외환위기' 혹은 'IMF 사태'라는 용어는 IMF가 가혹한 긴축정책을 강요하는 바람에 우리나라의 경제난을 심화시켰고, 국민의 경제적 고통 역시 커졌다는 뜻을 내포하고 있다. 이것은 참으로 어이없는 판단이다. IMF는 외환위기가 터진 이후에야 우리 경제에 개입하기 시작했고, 우리나라는 외환위기를 겪은 나라 중에서는 가장 짧은 기간에 그리고 가장 성공적으로 극복했을 뿐만 아니라, 부작용과 후유증도 가장 적게 겪었기 때문이다.

위와 같은 부적절한 용어는 향후 혹시라도 새로운 외환위기가 터진다면, 이미 성공했던 정책을 외면하게 하고 실패할 수밖에 없는 경제정책을 실행하도록 할 가능성이 크다. 성공의 길은 유일하며 아주 좁고 힘들게 걸어가야 하지만, 실패의 길은 사방에 널려 있고 아주 넓으며 아주 쉽게 걸어갈 수 있기 때문에 더욱 그렇다.

더욱이 외환위기에 따른 경제난의 책임을 IMF에 떠넘김으로써, 외환위기가 발생한 원인 즉 외환위기를 초래한 경제정책에 대한 규명을 못하게 가로막고, 그런 잘못된 경제정책을 수립하여 집행한 정책당국자에게 면죄부를 부여하는 꼴이 된다. 실패한 정책에 대한 규명과 그 책임소재를 이렇게 외면하게 하면, 단군 이래 최대 난리라던 '환란'이 언젠가는 또다시 터지고 말 것이다. 실제로 우리나라는 1956년, 1962년, 1968년, 1971년, 1974년, 1979년, 1982년 그리고 1997년 등 무려 8차례나 외환위기를 겪었는데, 모두 똑같은 원인 즉, 똑같은 경제정책을 펼치는 바람에 외환위기가 이처럼 여러 차례 반복되었다.

간단히 밝히자면, 외환위기는 경상수지 적자의 누적이 그 근본 원인이다. 경상수지 적자가 누적되면 환율은 곧 상승할 수밖에 없고, 그러면 환차손이 발생함으로써 자본수지는 적자를 기록하게 되며, 그러면 국내 금융시장이 신용수축 상태에 빠져들게 된다. 그래서 금융위기와 외환위기가 동시에 진행되어 국가경제는 파국적인 위기에 직면하게 되는 것이다. 이 문제는 아주 중요하므로 뒤에 신용파괴의 경제원리를 다루면서 다시 살펴볼 것이다.

되새겨봐야 할
2008년의 환율변동

역사는 반복된다고 흔히들 말한다. 비극적인 역사는 더욱 그렇다. 이 책을 쓰고 있는 현재 2022년 10월에 우리나라는 급격한 환율변동을 겪고 있고, 그에 따른 국가경제의 피해도 막심하다. 도대체 왜 우리나라 환율은 2022년에 급등하기 시작한 것일까? 미국의 강달러 정책 때문일까? 아니다! 뒤에 나타난 것은 원인이 될 수가 없다. 우리나라 환율이 급등하기 시작한 뒤부터 강달러가 시작되었을 따름이다.

그럼 우리나라 환율은 무엇 때문에 2022년부터 급등하기 시작한 것일까? 이 질문에 대해 적절한 답변을 하기 위해서는 2008년의 환율변동을 꼼꼼히 되새겨볼 필요가 있다. 역사에서 불행한 사태는 처절한 자기반성이 없을 경우에는 항상 반복되었듯이, 당시에 환율변동을 일으켰던 원인과 그에 따른 전개과정이 그때와 똑같이 지금 일어나고 있기 때문이다.

지금 2022년 10월, 우리나라 경제의 상황 특히 환율변동은 그 당시와 거의 똑같이 닮아있다. 따라서 당시의 환율변동을 되돌아보면, 향후 우리나라 경제가 어디로 흘러갈지 그리고 환율은 장차 어떻게 변동할지를 누구든지 어느 정도는 가늠해볼 수 있을 것이다.

우선, 개인적인 얘기부터 시작해보자. 이 책에서 앞으로 펼칠 내 얘기들이 좀 더 설득력 있게 보이기 위해서다. 이것은 너무 구차한가? 아니다. 나는 그동안 미래형 경고를 그 숫자를 헤아리기 어려울 정도로 많이 했으나, 그중 어느 것도 큰 관심을 끌지 못했다. 그래서 내 안타까움은 자꾸 커지기만 했고, 이것은 내가 지난 상당 세월동안 공개적으로는 침묵했던 이유 중 하나가 되었다. 내 개인적인 이야기를 앞부분에 언급하는 것에 대해 독자 여러분의 이해를 먼저 구한다.

2008년 여름,
나에게 벌어진 일

2008년 여름에 국가정보원의 한 관계자가 나를 찾아왔다. 내가 당시의 환율변동이 조만간 국가경제에 치명적인 타격을 입힐 것이라는 점을 여러 곳에서 밝히고 다녔기 때문일 것이었다.

대표적으로, 2008년 4월15일에는 경기대학교 정치전문대학원에서 〈세계경제와 한국경제, 어디로 가나〉라는 제목으로 특강을 한 적이 있었다. 미국의 5대 투자은행 중 하나인 베어스턴스가 무너짐으로써 신용파괴의 경제원리가 작동하고 있으므로 세계경제에는 조만간 심각한 금융위기가 터질 것이고, 그러면 우리 경제도 그 타격을 심각하게 받게 될 것이라는 게 그 특강의 요지였다.

그는 나를 보자마자 다짜고짜 묻기 시작했다.

"지금 우리 경제의 상황이 어떻습니까?"

"점점 더 심각한 상황에 빠져들고 있습니다."

"환율급변 때문입니까?"

"그렇습니다. 무엇보다 국제금융시장의 동향이 심상치 않습니다. 조만간 국제금융시장이 위기적 상황에 빠져들면, 그렇지 않아도 하강하고 있는 우리 경제로서는 치명상을 입을 수밖에 없습니다."

"국제금융시장의 상황이 구체적으로 어떻습니까?"

"베어스턴스가 도산하는 바람에 미국 금융시장에서 신용파괴의 경제원리가 물밑에서 본격적으로 작동하기 시작했습니다."

"베어스턴스 사태는 미국 FRB가 JP모건에 350억 달러를 지원하여 인수시킴으로써 해결된 것이 아닌가요?"

"베이스턴스에 직접 350억 달러를 지원하여 구제했다면 신용파괴원리의 본격적인 작동을 어느 정도는 막을 수 있었겠지요. 그러나 JP모건에 인수시킴으로써 신용파괴원리의 작동을 방조했습니다."

"신용파괴원리가 그렇게 치명적입니까?"

"그렇습니다. 미국 내의 유동성이 신용승수의 배수만큼 줄어드는 압력을 받을 것이기 때문입니다."

"지금 말씀하신 내용을 보고서 형식으로 작성해주실 수 없을까요? 제가 직접 할 수는 없겠지만, 원장님이나 국장님을 통해 대통령님께 직접 전달해드릴 수 있도록 노력해보겠습니다."

"시간이 좀 필요합니다. 2008년의 연간 경상수지를 정확하게 예측해야 제 보고서가 설득력을 발휘할 수 있을 터인데, 이게 시간이 좀 걸립니다."

"얼마나 필요합니까?"

"길게 잡아서 보름 정도 필요합니다."

"그럼 그때까지 기다리겠습니다."

나는 즉각 2008년의 연간 경상수지의 예측에 들어갔고, 밤낮을 가리지 않고 노력한 끝에 1주일 만에 보고서를 하나 완성할 수 있었다. 그리고 이 보고서를 그의 이메일로 보내주었다. 내가 그처럼 쉽게 그리고 흔쾌하게 그 관계자의 요청을 받아들여, 짧은 기간에 열정적으로 작성하여 보고서를 그에게 건네준 데에는 다음과 같은 그럴만한 이유가 있었다.

그 하나는, 그 보고서가 청와대에 직접 보고되어 우리나라의 외환정책이 바뀌기를 간절히 기대해서였다. 환율정책의 최종 결정권자이자 최종 책임자인 재정경제부가 상황파악을 전혀 못하고 환율의 급변동을 좌시하고 있었으며, 이런 방관적인 자세가 장차 국가경제에 치명적인 타격을 입힐 수도 있다는 것이 내 판단이었던 것이다. 다른 하나는, 아래와 같은 개인적인 경험 때문이었다.

아마 그해 늦봄이나 초여름쯤이었을 것이다. 개인적인 친분이 있던 한국은행 관계자를 만나, "환율이 그렇게 빠르게 상승하면 수요의 시간이동이 일어나 조만간 환율은 폭등할 것이며, 그렇게 되면 한국은행이든, 재정경제부든 어떻게 손을 써볼 수도 없게 될 것"이라는 얘기를 아래와 같은 요지로 경고했었다.

"여기 내리막길에서 폭주하는 열차가 있습니다. 운전대를 잡은 기관사는 브레이크를 밟을 생각을 하지 않고 있습니다. 이런 상황 특히, 원화 가치가 폭락하는 상황이 지금 우리 경제에서 벌어지고 있는데, 이걸 어떻게 이해해야 할까요? 외환보유고는 이럴 때 사용하려고 비축해둔 것이 아닌가요?"

"만약 브레이크가 파열되면 더 큰 비극이 발생할 수 있습니다."

"브레이크를 밟지 않기 때문에 점점 더 위험한 상황으로 빠져들고 있다고 봐야 하지 않을까요?"

"그래도 최후수단은 남겨둬야 합니다."

"그 최후수단을 언제 쓰려고 합니까?"

"그것은 우리가 판단합니다. 외환시장은 우리가 어느 누구보다 더 정확하게 읽고 있다고 자부합니다."

"수요의 시간이동은 아십니까? 그리고 수요의 시간이동이 발생하면 어떤 일이 발생하는지도 아십니까? 만약 수요의 시간이동이 실제로 일어나게 되면 어떤 정책수단도, 어떤 정책처방도 백약이 무효일 터인데요."

그는 나를 한참이나 째려보며 불쾌한 마음을 여과없이 보여줬다. 나로서도 그와 더이상 얘기할 필요성을 느끼지 못했다. 한국은행은 외환을 위탁받아 관리하고 있지만, 외환정책이나 환율정책은 재정경제부 국제경제국이 결정하고 한국은행은 그 결정에 따라 실행하고 있을 뿐이기 때문이었다.

그러나 불행하게도 국정원에 보내주었던 내 보고서는 외환시장에 어떤 영향도 주지 못했다. 특히, 그 보고서에는 미네르바가 우리 경제에 얼마나 심각한 폐해를 끼치고 있는가를 핵심적인 문제로 제기했었는데, 어떤 사후조치도 취해지지 않았다. 일단은 먼저 미네르바에 대해 잠시 살펴볼 필요가 있겠다. 미네르바는 세상에 알려진 것과는 전혀 다른 존재이기 때문이다.

미네르바는 과연 누구인가?

2008년 상반기에 가장 큰 화제를 불러일으킨 인물은 소위 미네르바라고 불리던 사람이라고 해도 과언은 아닐 것이다. 그는 대한민국 경제가 'IMF 사태' 때보다 더 심각한 상황이라면서 환율이 급등할 것이라는 요지의 글을 여러 차례 반복해서 쓰곤 했다. 그가 국내 인터넷 사이트 어느 곳엔가 글을 하나 올리면, 즉각 미국의 월스트리트 저널이나 블룸버그 통신 등 주요 매체들이 인용하여 보도하곤 했다. 그의 영향력은 그 정도로 막강한 것처럼 보였으니, 국내 언론들도 앞다투어 해외에 실린 내용을 다시 국내에 전달하곤 했다.

그런데 미네르바는 한 사람이었을까? 사람에게는 각각 독특

한 손금이 있듯이, 사람이 쓴 글도 마찬가지라고 한다. 미네르바가 쓴 글들을 모아서 분석했던 한 전문가는 문맥의 특징이 글마다 다르며, 대체적으로 여섯 가지로 분류되더라고 내게 말해줬다. 다시 말해, 여섯 사람이 미네르바라는 필명으로 글을 쓰는 것 같더라는 것이 그 전문가의 진단이었다. 그리고 세상에 미네르바로 알려진 어떤 이가 펴낸 책의 문맥은 인터넷상에 올려진 글들의 문맥과는 또 전혀 다르더라고 내게 말해줬다. 이게 어찌된 일이었을까? 그 이유는 이 글을 읽는 분들이 추측해보시기 바란다.

나는 미네르바를 만난 적이 있다. 아니, 만약 위 전문가의 판단이 맞다면, 미네르바라는 집단의 대표를 만난 적이 있었다고 말해야 더 정확한 표현일 것 같다. 그의 존재가 너무 궁금해서 어떤 요인에게 부탁해서 우연인 것처럼 만날 기회를 만들었던 것이다. 그를 나에게 소개한 사람은 미네르바가 국내에서는 찾아보기 어려운 아주 큰 무기중개상이고, 무기거래 중개를 통해 수조 원대의 자산을 축적한 거부라고 얘기했다.

그러나 이 얘기는 너무 이상했다. 무기거래 중개의 커미션이 아무리 커야 1% 미만일 터인데, 그리고 무기거래를 위해서는 다단계의 접촉이 필요하고 그단계마다 커미션이 주어져야 할 터인데 말이다. 간단히 말해, 중개수수료만으로 수조 원을 벌기 위해서는 수백조 원 이상의 무기거래가 있었어야 했던 것이다. 그러나 그런 실적은 어디에서도 찾아볼 수 없었다. 그리고 그는 서울의 한 명문고를 197x년도에 졸업했다는데, 그해에 그 학교를 졸업한 내 지인은 동창회에 그런 이름은 없다고 말했다. 물론 그는 권력과 재력에서 우리나라 최상위 1% 안에 들어가는 집안의 출신인 것은 틀림없다. 그리고 내가 조사한 바로는 그는 주가조작이라는 죄명으로 옥고를 한 차례 치르기도 했다.

미네르바의 정체를 정확하게 파악하기 위해서, 그리고 그가 우리나라 경제에 얼마나 위험하고 치명적인 짓을 저질렀는지를 알기 위해서는 다음 그래프를 자세히 들여다볼 필요가 있다. 만약 다음 그래프가 주식시장에서 특정 종목의 가격이 1년 동안에 변동한 기록이라고 가정한다면, 주식투자에 조금이라도 경험이 있는 분이라면 어떤 판단을 내릴까?

당연히 누군가에 의해 그 종목에 대한 작전이 주도면밀하게 설계되었고, 그 설계에 따라 주가가 급격하게 상승했다가 다시 급격하게 떨어졌을 것이라고 판단할 게 틀림없다. 무엇보다, 이처럼 이상하고 급격한 가격변동이 일어났다면, 금융감독원과 증권거래소는 즉각적으로 그 작전을 설계한 자에 대한 조사에 들어갔을 것이다.

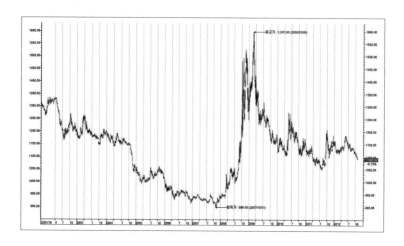

그럼, 위의 그래프가 2001년부터 2012년까지 등락을 거듭했던 우리나라의 환율이라면, 그 그래프 중에서도 2008년 연초부터 2009년 연초까지의 급격한 변동을 자세히 살펴본 사람이라면, 그리고 외환시장에 조금이나마 투자경험이 있는 사람이라면, 어떤 판단을 할까? 당연히 누군가가 늦어도 2008년 상반기 중에는 환율조작이라는 불법적인 작전을 주도면밀하게 설계했고, 그렇게 설계한 작전에 따라 누군가는 큰 이득을 취했을 것이라고 쉽게 짐작할 수 있을 것이다. 나도 그렇게 판단했고, 그에 따라 그 작전의 설계와 그 작전의 위험성을 지적하는 다양한 글들을 온라인상에 여러 차례 쓴 바가 있다.

그러나 내 사회적 지위가 그다지 특별할 것이 없었던 탓인지, 내 글의 영향력은 그다지 크지 않았다. 특히, 내가 직접 접촉하여 위와 같은 위험한 상황을 자세히 설명해줬던 국내 언론은 모두 아예 외면했다. 그 바람에 우리나라 외환보유고는 2006년 말의 2,622억 달러에서 2008년 말에 2,012억 달러로 줄어들고 말았다. 그해의 경상수지 흑자 32억 달러와 순대외채권 감소액 510억 달러를 합하면, 우리나라의 외환 손실액은 무려 1,120억 달러에 이르렀다(해외 금융자산 투자는 감안하지 않았다). 이것은 2008년 총수출의 1/4에 달하는 엄청난 규모였다. 당시의 연평균 환율로 계산하면 무려 120조 원을 훌쩍 넘어섰다.

　　이것은 우리나라 국민과 기업이 수출로 피땀 흘려 벌어들인 외환과 국민소득이 그 금액만큼 사라져버렸다는 것을 뜻한다. 그렇게 사라진 외환은 과연 어디로 흘러갔을까? 외환시장에서 녹아서 사라진 것을 제외한 거의 모든 금액은 어느 누군가 혹은 어느 금융기관인가는 그만큼의 이익을 챙겼을 것이 틀림없다. 그게 누구이고 어느 금융기관일까? 이 물음에 대한 답변은 독자 여러분들의 판단에 맡기도록 하겠다. 참고로, 2008년 상반기에 자본금이 거의 잠식되었던 어떤 나라의 국제금융기관들은 그해 말에는 자본금이 원래보다 더욱 커지기도 했다.

나름대로는 나도 외환전문가를 오래 전부터 자처하고 있었다. 혹시 독자 여러분도 기억하실지 모르겠다. 10여 년 전에 모 국회 의원이 "정부가 NDF거래를 통해 무려 2조 원의 손실을 기록했다"라고 폭로하여 세상의 주목을 끌었던 사실을 말이다. 그 폭로로 그 국회의원은 정치권에서 최고의 경제전문가라는 평가를 들었고, 그 덕분인지 곧이어 정치적으로 크게 부상했다.

사실, 당시에는 NDF$^{Non\ Delivery\ Future}$거래가 무엇인지도 잘 알려지지 않았던 시절이었다. 간단히 말해, 이것은 일종의 선물계약 즉, 미래의 특정한 시기에 실물을 인도하기로 한 계약서의 거래로써 실물을 인도하지 않고 차액만 결제하는 거래를 뜻한다. 그래서 우리말로는 차액결제선물이라고 부르기도 한다. 이 금융상품은 레버리지가 최소 20배, 반복거래를 통해서는 수백 배에 이르게 할 수도 있는 위험성이 아주 큰 거래이다. 그래서 적은 금액을 동원하더라도 아주 큰 거래를 할 수 있으므로, 정부가 환율방어를 위해 비밀리에 그리고 당시에는 불법적으로 동원했던 수단이었다.

그 국회의원의 폭로는 내가 조사한 자료에 바탕을 둔 것이라는 게 내 판단이었다. 그 손실액은 외환시장에서 잔뼈가 굵은 최고의 외환전문가도 쉽게 파악할 수 있는 것이 아니었기 때문이다. 그래서 그 폭로가 언론에 보도되자마자 그 국회의원에게 즉시 전화를 걸어 다음과 같이 강력하게 항의했다.

"국회의원 신분으로 어떻게 남이 애써 조사한 자료를 동의도 받지 않고 감히 발표할 수 있습니까?"

"제 보좌관이 외환전문가입니다. 그가 조사하고 분석한 것입니다."

"그 보좌관이 얼마 동안 조사하고 분석한 것입니까? 나는 그 조사와 분석에 3개월 동안 밤을 지새우며 온갖 고생을 다 했습니다."

"그건 나도 모릅니다."

"그렇다면 다음에도 NDF거래로 손실이 나면, 그 손실액을 계산해낼 수 있겠네요? 그리고 그 내용을 또 발표할 수 있겠네요?"

"……"

"내가 만약 국회 기자실에 가서 기자회견을 통해 내 연구결과가 임의로 발표되었다고 공개하면, 어떤 일이 벌어질지는 생각해보셨습니까? 당신은 정치적으로 너무 위험한 짓을 저질렀습니다."

그 국회의원은 말문이 막혔는지 잠시 횡설수설했다. 그래서 "만약 다음에 그런 발표를 하지 못하면, 내 지적재산권을 침해한 죄로 고소하겠습니다"라고 으름장을 놓았다. 그러자 그는 아무런 대꾸도 없이 바로 전화를 끊어버렸다.

물론 나는 위와 같은 사실을 아직 공개적으로는 한 번도 폭로하지 않았다. 그 국회의원의 명예가 추락하는 것을 보고 싶지 않아서였다. 그랬음에도 불구하고 그 국회의원은 지금껏 나에게 어떤 해명이나 사과도 하지 않고 있어 아쉬운 마음이 든다.

그뿐만이 아니다. 나는 2009년에 『환율전쟁』이라는 책을 발간하기도 했다. 그 책은 그 해의 베스트셀러 중 하나였다. 중국에서뿐만 아니라 대만에서도 번역되어 출간되었을 정도로 그 학술적 가치가 높게 평가되었다. 그리고 그 책은 중국의 저명한 대학들에서 도서관에 비치해야 할 도서목록 1위를 반년 이상 기록하기도 했다. 이것은 내가 외환시장의 웬만한 전문가에 못지않다는 사실을 충분히 증명할 것이다.

얘기가 잠시 엉뚱한 곳으로 흘러갔다. 본론으로 돌아가서, 내가 작성하여 국정원 관계자에게 전달한 내 보고서에는 미네르바에 대한 조사내용도 비교적 자세하게 들어 있었다. 다시 말해, 지금 당장 외환시장에서 벌어지고 있는 환율조작 작전을 중단시키지 못하면, 국내에 투자한 외국자본들은 엄청난 환차손에 직면하여 외국으로 이탈할 것이고, 해외자본을 끌어들였던 국내 금융기관 역시 환차손을 피하기 위해 서둘러 외채를 상환할 것이며, 만약 그렇게 되면 신용파괴의 경제원리가 본격적으로 작동함에 따라 우리나라 금융시장은 심각한 신용수축을 피할 수 없을 것이고, 국가경제 전체적으로도 심각한 유동성 부족에 시달리게 될 것이라고 경고했던 것이다.

그러나 불행하게도 미네르바에 대한 어떤 공식적인 조사도 이뤄지지 않았다. 외환시장에 대한 정부의 경제정책도 전혀 변화가 없었다. 결국 국내경기는 2008년 하반기부터 그 바닥을 알 수 없을 정도로 추락하고 말았다. 실제로 연률로 환산한 4/4분기의 전기대비 성장률은 무려 −17.3%를 기록했다. 이것은 국가경제가 중대한 재앙을 맞았을 때나 기록할 법한 처참한 성장률이었다.

지금까지 간단히 살펴본 내용 즉, 2008년에 벌어졌던 환율변동의 사례는 현재의 우리나라 경제상황을 읽어내고 진단하는 데, 그리고 가까운 미래를 예측하는 데에도 아주 중요하므로, 나중에 다시 더 자세하게 살펴볼 것이다.

2009년 2월쯤에 국정원의 그 관계자가 다시 나를 찾아왔다. 그 보고서를 써줘서 고맙다며 멋지게 한턱 쏘겠다고 말했다. 그래서 가까운 술집으로 가서 이 책에서는 밝히기 어려운 여러 얘기를 나눴다. 그중에는 당시의 이명박 대통령이 국정원장을 불러서 "역시 대한민국에서 최고는 국정원"이라고 칭찬해줬다는 얘기도 있었다. 즉, 2008년의 경상수지 흑자규모를 재정경제부나 한국은행 그리고 다른 어떤 경제전문기관보다 정확하게 예측해냈다고. 정작 중요한 사실 즉, 국민과 기업이 수출로 애써 벌어들인 외환의 엄청난 액수가 연기처럼 사라져버렸으며, 그 바람에 국내 경기가 추락하고 말았다는 사실에 대해서는 어떤 말도 없이 말이다. 그 얘기를 들으면서 나는 답답한 마음을 가눌 길이 없었다.

그날 술집에서 있었던 얘기는 서로 비밀에 부치기로 약속했지만, 위와 같은 정도는 공개해도 좋지 않을까 싶다. 그런데 그 국정원 관계자가 애초에 어떻게 나를 알아보고 찾아왔던 것일까? 이 물음에 답하기 위해서는 다음과 같은 다소 긴 이야기가 필요하다.

2007년 정초,
내게 강의를 요청한
'경희궁의 아침'

2007년 정초에 전화가 한 통 내게 걸려왔다.

"저희는 '경희궁의 아침'이라는 모임을 하고 있습니다. 주요 관심사
는 국가 경제정책입니다. 혹시 시간에 되신다면 강의를 해주실 수 있
겠습니까?"

"그럽시다."

"죄송하지만, 강의료를 많이 드릴 수 없습니다. 그래도 가능하시겠
습니까?"

"순수하게 공부하는 모임이라면 공짜로 해드리지요."

"감사합니다. 저희가 훗날 반드시 보답할 날이 있을 것입니다."

나는 모임 장소가 '경희궁의 아침'이라는 광화문에 있는 오피스텔이라서, 그들이 국가공무원이거나 한국은행 등의 경제 관련 관계자일 것으로 지레짐작했다. 당시에 정부 종합청사가 광화문에 있었가 때문이다. 그래서 무료로 강의해주기로 약속했다.

그렇게 시작된 강의는 2월부터 8월까지 매주 수요일 저녁 8시부터 10시까지 두 시간씩 7개월 동안 진행되었다. 강의가 한참 진행되어도 그들은 신분을 좀처럼 밝히지 않았다. 그래서 나는 더더욱 의심스러웠지만, 그들이 워낙 열정적으로 강의를 듣고 토론에도 적극적으로 참여해서 의심을 거두고 말았다.

강의가 끝나갈 즈음에야 그들이 이명박 대선캠프에 참여하고 있던 주니어그룹이라는 사실을 알게 되었다. 그들은 마지막 강의 시간에 내게 물었다.

"만약 선생님이 경제부총리를 한다면 어떤 성과를 낼 수 있겠습니까?"

"5년 안에 국민소득 5만 달러를 달성해 세계경제 7강에 들도록 하겠습니다."

"그게 어떻게 가능합니까? 우리나라 국민소득은 이제 겨우 2만 달러를 넘어섰는데 말입니다."

　　　　　　　　　　　경제파국으로 치닫는 금융위기

"연평균 성장률이 7%를 달성하고, 환율이 매년 6%씩 떨어지면 그게 가능합니다. 계산은 스스로 해보십시오."

"연평균 성장률 7%가 과연 가능할까요?"

"당연히 가능합니다. 지금은 물가가 과거 어느 때보다 안정되어 있고, 경상수지 흑자도 아주 크기 때문에 그렇습니다. 얼마든지 가능합니다."

"환율이 떨어지면 수출이 줄어들고, 국제수지도 적자로 돌아서지 않을까요?"

"아닙니다. 환율이 떨어지면 수출은 오히려 더 늘어나고, 그러면 국제수지는 호조를 지속할 것입니다."

"환율이 떨어지는데 수출이 증가합니까?"

"그렇습니다. 노무현 정권이 이미 충분히 증명했습니다."

"그게 어떻게 가능하지요?"

"기업은 망하기 때문에 강합니다. 환율이 점진적으로 매년 계속 떨어지면 어떤 일이 벌어질까요? 당연히 수출기업은 도산위기에 처하게 됩니다. 그러면 그 기업은 어떻게 해야 살아남을까요? 100달러짜리를 수출하던 기업은 150달러 내지는 200달러짜리를 새롭게 개발해야 합니다. 망하지 않기 위해 수출기업들은 최신 설비에 대한 투자, 신제품 개발, 과학기술 개발, 생산성 혁신 등등에 온 힘을 기울일 것입니다. 그렇게 되면 수출기업들은 세계적으로 최강의 경쟁력을 갖추게 될 것입니다. 그 덕택에 국가경제의 국제경쟁력도 크게 향상될 것입니다.

그러면 우리나라 경제는 장기간 번영할 수 있을 것입니다."

위와 같은 내 강의 덕분인지는 확실하지 않지만, 이명박 정권은 7% 성장, 국민소득 4만 달러, 세계경제 7강 등의 소위 '747 공약'을 내세워 대통령 선거에 나섰고, 결국 대승을 거두었다. 국민의 최대 관심사는 언제나 먹고사는 문제이므로, 그 공약이 제대로 먹혀든 것이다.

그러나 위의 '747 공약'은 국내경기의 급강하와 급격한 경기변동이라는 불행의 씨앗을 잉태하고 말았다. 환율을 점진적으로 인하한 것이 아니라, 이명박 정권은 오히려 환율을 끌어올려 수출을 증가시키고, 이를 통해 성장률을 높이려는 정책을 펼쳤기 때문이었다. 내 강의 마지막 시간에, 환율을 끌어올려 수출을 증가시켜 성장률을 높이려 하다가는 정권의 말로가 불행해질 것이라고 거듭거듭 당부했음에도 불구하고, 그들은 내 말을 전혀 듣지 않았다. 이 문제는 국가 경제적으로 아주 중요하므로 다음에 자세히 살펴볼 것이다.

그런데 '경희궁의 아침'이라는 모임은 내 존재를 어떻게 알았을까? 왜 그들은 내 강의를 그처럼 열심히 경청하고 토론에도 열정적으로 참여했던 것일까? 내가 당시에는 경제학에 어떤 학위도 가지고 있지 않았고, 사회적인 지위나 유명대학 교수 등의 직책도 없었는데 말이다. 이 의문에도 다소 긴 얘기가 필요하다. 이 얘기부터 해보자.

2006년의
홍콩 여행과 중국 여행

2006년 여름이 끝나가던 어느 날, 낯선 사람이 나를 찾아왔다. 그는 오래전부터 나를 잘 아는 것처럼 친근하게 대했다. 하지만 그의 이름도 낯설었고 얼굴조차 생소했다. 내가 뚱한 표정을 짓자, 그는 내가 잘 아는 어느 국회의원의 친구이고, 그 국회의원과 함께 나를 몇 번 만난 적이 있다고 말했다. 그래도 전혀 기억이 나지 않았다. 그는 자신의 사무실로 나를 데려가서 함께 있던 몇 사람인가를 소개하기도 했다. 그런 뒤에 대뜸 나에게 물었다.

"홍콩으로 일자리를 옮겨보는 게 어떻겠습니까? 홍콩은 세계적인 금융중심지라서 기회가 많으실 것 같습니다."

"나는 경제학을 공부하는 사람이지, 금융인이 되고 싶은 사람은 아닙니다."

"그래도 저랑 같이 홍콩을 한번 여행해보지 않으시겠습니까? 기분전환도 할 겸해서 말입니다."

그렇게 그와 함께 홍콩여행을 떠나게 되었다. 당시 여당의 국회의원 한 사람도 우리 일행에 합류했다. 홍콩에서는 관광이 일과의 거의 전부였다. 그렇게 1주일가량을 보냈다. 그럭저럭 즐거운 여행이었다.

그해 연말, 그가 다시 나를 찾아와 홍콩여행을 한 번 더 하자고 권했다. 두 번씩이나 갈 필요가 있겠냐는 내 반문에, 이번에는 홍콩의 금융계 인사들과 약속을 잡겠다고 말했다. 그때 나는 당시 유력한 대통령 후보였던 고건 전 총리와의 약속이 잡히기 직전이었다. 그 캠프에서 그렇게 주선하고 있었다. 그래서 내가 난색을 표명하자, 이번 홍콩여행에는 고건 캠프의 유력인사도 참여한다고 귀띔하며 꼬드겼다. 그렇게 해서 다시 홍콩여행을 1주일간 떠나게 되었다. 고건 전 총리 캠프의 유력인사는 코빼기도 보이지 않았고, 홍콩 금융계 인사와의 만남도 단 하나도 이뤄지지 않았다. 뭔가 이상했지만, 당시에 나는 심신이 지친 상태였기에 그냥 먹고 마시고 즐기면서 기분전환을 했다.

그렇게 시간이 흘러, 2007년 연초가 되었다. 그때 또 그가 나타나서 이번에는 중국의 경제중심권을 한번 둘러보는 것이 어떻겠냐고 권유했다. 이번에는 예닐곱 명이 함께 여행을 하니 같이 사귀고 그러면 무료하지 않을 것이라고 말했다. 마침 중국이 비약적으로 발전하고 있을 때였고, 우리 기업들도 중국에 진출하고 있었으므로 솔깃했다. 우리 기업들과 은행들을 방문하는 것을 스케줄에 넣는 조건으로 그 여행을 수락했다. 비행기 편으로 사천성의 성도로 가서, 육로를 통해 장강을 따라 홍콩까지 여행한 뒤에, 다시 비행기 편으로 광동성에 들렀다가 심천의 발전상을 살펴본 뒤에 홍콩을 통해 귀국하는 보름동안의 일정이었다.

그럭저럭 즐거운 여행이었다. 하지만 10명에 가까운 인원의 숙식비와 교통비 등의 비용이 만만치 않을 것 같았는데, 그 자금출처가 의심스러웠다. 나중에야 국내 모 재벌에서 보고서를 하나 작성하는 조건으로 그 자금을 대주었다는 사실을 알게 되었다. 그 목적이 무엇인지도 나중에야 알게 되었다.

내 추측으로는 2007년 연말의 대선에 내가 끼어들지 못하도록 하는 것이 그 여행의 유일한 목적이었던 것 같았다. 그들이 왜 그렇게 내가 대선에 끼어들지 못하게 했었는지를 알기 위해서는 다음과 같은 다소 긴 얘기가 또 필요하다.

노무현의 대선과
내 역할

　사람들은 흔히 결과에만 주목할 뿐, 당초의 상황과 결과에 이르는 과정은 간과하는 경향이 있다. 노무현 정권이 탄생한 것도 마찬가지이다. 사실, 그것은 기적이나 다름없는 일이었다.

　먼저, 당시 집권당인 민주당의 지지율은 20%에도 미치지 못할 정도로 최악이었다. 다음으로, 민주당의 가장 유력한 후보의 지지율조차 당시 야당의 압도적인 후보(이회창)의 1/3에 불과했다. 끝으로, 민주당의 대선후보에 대한 초기의 여론조사에서는 노무현 후보의 지지율이 1%에도 미치지 못하여 언론보도에서는 그 이름조차 찾아보기 어려웠다. 7명의 후보를 조사하면 7등이었고, 11명을 조사하면 11등이었다. 그런 그가 어떻게 대통령이 될 수 있었을까? 그 과정을 살펴보는 것도 흥미로운 일일 것이다.

2001년 8월 12일, 마포의 한 호텔에서 나와 노무현 후보의 공식적인 대면이 이뤄졌다. 그때 나눴던 대화는 대충 다음과 같았다.

"당신은 10년 전에 내가 큰일을 할 때가 반드시 올 것이라고 말한 적이 있습니다. 그리고 그때가 오면 당신도 힘을 보태줄 것이라고 말했습니다. 잊지 않으셨지요?"

"예, 기억합니다."

"이번 대통령 선거에 나도 나서고 싶습니다. 물론 지금 당선 가능성은 1%에도 미치지 못한다고들 말합니다. 그래도 한번 도전해보고 싶습니다. 도와줄 수 있겠습니까?"

"우선 냉철해져야 합니다. 그래야 이길 길이 찾아질 수가 있습니다. 오늘 아침에 노사모 회원이 몇 명인지 확인해봤습니다. 정확하게 2,812명이더군요. 그리고 지지율은 1%가 아니라 그 1/10에도 미치지 못합니다. 그래도 도전하시겠다면, 모든 것을 바칠 각오를 하고 나서야 할 것입니다."

이런 내 말에 그의 표정은 금방 굳어졌고, 불쾌한 내색을 감추려 하지 않았다. 그래서 나는 다음과 같은 말로 그를 달래야 했다.

　　　　　　　　경제파국으로 치닫는 금융위기

"만약 당선 가능성을 99%로 끌어올릴 수 있다면 어떻게 하시겠습니까?"

그는 표정이 갑자기 밝아지면서 내 손을 잡으며 말했다.

"왜 하필이면 99%입니까? 기왕이면 100%라고 말씀하시지 않고."

"나머지 1%는 신의 몫이지, 제 몫이 아닙니다. 하늘이 도와야 최종적으로 승리할 수 있습니다."

"만약 내가 승리한다면, 세상을 반으로 나누어 갖겠습니다. 그 방법이 도대체 무엇입니까?"

"그 과정이 지난할 것 같습니다. 참고 견뎌낼 자신은 있습니까?"

"물론입니다."

"우선, 지금의 열악하고 불리한 상황을 타개하기 위해서는 여러 단계의 전략이 필요합니다. 무엇보다, 효과가 클 것같이 여겨지는 모든 선거전략은 정치 선배들이 이미 여러 차례 사용한 것들이라서 약효가 이미 다 떨어졌습니다. 제가 제안하는 전략은 그 효과가 믿어지지 않을 수도 있습니다. 그래도 제 전략을 아무런 이견 없이 받아들일 수 있겠습니까?"

"당연히 그렇게 하겠습니다."

내 도발적인 위의 얘기를 그가 이처럼 쉽게 받아들인 것은 다음과 같이 그만한 이유가 있었던 것 같다.

나는 경제학을 재야에서 연구하며 여러 이론을 구축했으므로, 그 과학적 유효성이나 실용성을 누구도 인정하지 않으려 했다. 그래서 나는 우리나라 경제나 세계 경제에 대한 글을 쓸 때마다 미래형으로 쓰곤 했다. 내 예측이 맞아떨어지면 내가 새롭게 구축한 이론의 과학적 유효성이 증명될 것이라고 믿었기 때문이다. 그래서 수많은 글을 썼고, 그것들을 모아 책을 한 권 출간하기도 했다. 노무현 후보는 그 책을 읽고 나를 찾았던 것 같았다.

이처럼 경제에서 앞을 내다보려고 했던 내 노력은 정치판에도 적용될 수가 있다는 사실을 몇 번인가 확인했다. 다만, 경제에서는 10번의 기회가 주어지면 한 번 정도는 미래를 내다볼 수 있는데, 정치에서는 100번의 기회가 주어져야 겨우 한 번 정도만 예측이 가능했다. 당시에 그런 희귀한 기회가 찾아온 것 같았고, 그래서 위와 같이 자신만만하게 내 견해를 밝힐 수 있었다.

"지금 당장 어떻게 하는 것이 좋겠습니까? 여론조사 지지율이 1%만 넘어서면, 그래서 언론에서 나를 조금이라도 주목하게 되면, 그다음부터는 나도 자신이 있습니다. 그게 가능하겠습니까?"

"예, 가능합니다. 우선, "이인제는 민주당의 적자가 아니다"라고 반복해서 얘기하고 다니십시오. 그러면 이인제의 경쟁자는 노무현이라는 인식이 당내에서 생겨날 것입니다. 그렇게 되면 조만간 민주당 내 후보 서열이 아무리 못해도 3등까지는 올라갈 수 있을 것입니다."

"그런 단순한 전략으로 그게 가능하겠습니까?"

"지금 당장 효과가 없을 것처럼 보이는 전략도 무조건 받아들이겠다고 금방 말씀하지 않으셨던가요?"

"알았습니다. 그런 다음에는 또 무엇을 해야 합니까?"

"그다음 단계의 전략들도 충실히 마련되어 있으니, 우선은 첫 번째 전략에 집중하시면 좋겠습니다."

"좋습니다. 그렇게 하겠습니다."

그렇게 헤어졌는데, 몇 날 며칠이 지나도 그는 내 제안을 실천에 옮기지 않았다. 그 이유는 뻔했다. 이번 대선에서 민주당이 질 것은 분명해 보였고, 이인제가 민주당의 당대표가 되면, 유력한 곳에 공천을 받아 국회의원선거에 나서는 것이 더 유리하다고 판단했을 것이 분명했다.

하지만 당내 대선후보 경선에서조차 존재가치를 증명하지 못하면, 국회의원선거에서도 당선되기 어려울 것이 뻔했다. 그는 어떻게든 민주당 내 후보 서열이 2~3등 안에 들어야 한다고 판단할 것이 틀림없었다. 그래서 기다리기로 했다.

한 달이 넘게 지난 뒤에야, 그는 "이인제는 민주당의 적자가 아니다"라는 얘기를 하기 시작했고, 아니나 다를까 당내의 여론도 좋지 않게 흘러갔다. 유력후보를 비난한 꼴이어서 당내 반응이 좋을 리가 없었다. 그렇지만 언론의 여론조사에서는 드디어 당내 대선후보 대열에 이름을 올리기 시작했다.

그러자 내게 전화를 걸어 물었다. 다음에는 무엇을 해야 하냐고. 내 대답은 간단했다. 당내여론이 더욱 나빠지더라도 그 얘기를 계속하고 다니라고. 그러면 조만간 당내 후보서열이 3등에 이를 것이고, 그런 다음에야 다음 단계의 전략에 들어설 수 있을 것이라고.

실제로 그런 일이 벌어졌다. 그러자 노사모 회원이 금방 수만 명에 이르는 등 급증하기 시작했다. 사람과 돈도 몰려들었다. 대선캠프가 있었던 금강빌딩의 사무실은 발 디딜 틈도 없을 지경이 되었다.

그렇게 세월이 흘러갔다. 하지만 그는 나에게 아무런 연락조차 하지 않았다. 그래서 밖으로 잘 알려지지 않은 그의 최측근에게 전화를 걸어 "지금 이대로 가면 영원히 3등에 머물 것이다"라는 내 말을 전해달라고 부탁했다. 그러자 바로 연락이 왔다. 지금 당장 만나자고. 급한 마음이었던지 그는 우리 집으로 직접 찾아왔다. 그는 단도직입적으로 물었다.

"다음에는 어떻게 해야 합니까?"

"다음 전략도 아주 단순합니다. 그래서 제가 아주 쉽게 그 전략을 마련한 것으로 착각하실 것 같아서 걱정입니다. 단순하게 보이는 전략을 마련하는 데에도 몇 날 며칠 밤을 새워야 한다는 사실을 알아주셨으면 좋겠습니다."

"여부가 있겠습니까? 그 전략이 무엇인지 알려주시면 이번에는 무조건 즉각 실행에 옮기겠습니다."

"간단합니다. '민주당의 정권 재창출은 노무현이 아니면 불가능하다'라고 반복해서 유세하시면 됩니다. 그러면 압도적인 표 차이로 당내경선에서 이길 수 있을 것입니다. 민주당 지지자의 염원은 정권을 재창출하는 것이기 때문입니다."

"그게 가능하겠습니까? 그렇게 말하고 다니면 너무 오만하게 보이는 것은 아닐까요? 그러면 오히려 당내경선에서 불리할 것 같은데요."

"제 전략을 무조건 받아들이겠다고 말씀을 하신 것으로 저는 기억하는데요."

"알았습니다. 일단 그렇게 해보겠습니다."

그 결과도 내가 내다본 것과 다름없이 나타났다. 머지않아 민주당 내 대선후보 경선에서 압도적 1등으로 올라섰고, 이인제 후보는 청와대의 개입을 비난하며 중도에서 사퇴하고 말았다. 그래도 민주당의 당내경선은 계속 이어졌다.

이번에는 노무현 후보가 아무런 사전 얘기도 없이 우리집으로 찾아오고 있다는 이야기를 그 측근이 내게 전화를 걸어 알렸다. 우리집에 찾아온 그의 얘기는 간절했다.

"민주당 대선후보는 제가 확정적이라는데, 이회창의 지지율에는 절반에도 미치지 못합니다. 어찌해야 반전시킬 수 있을까요?"

"일단은 민주당 대선후보를 즐기십시오. 다음 전략은 본선 두 달 전에 실행하기로 하고요. 전략은 타이밍이 가장 중요합니다."

"그래도 미리 알려주시면 안 되겠습니까? 대선에서 참패할까 두려워서 요새는 잠을 이룰 수가 없습니다."

"안됩니다."

"본선 두 달 전에 이르기까지는 절대로 발설하지 않겠습니다. 그러니 그게 무엇인지 대강이라도 알려주면 안 되겠습니까? 그래야 잠이라도 편하게 잘 수 있을 것 같습니다. 제 아내에게도 비밀로 하겠습니다."

"그것은 3수도 정립방안입니다. 행정수도는 한반도의 중심인 충청도로 옮기고, 국회와 청와대를 옮긴 서울은 여의도를 중심으로 경제수도로 전환하며, 철원에는 남북이 합의하여 통일수도를 건설하자는 것입니다."

"그것으로 이회창을 이길 수 있겠습니까?"

"이미 제 전략의 효과는 충분히 즐기신 것으로 아는데요."

"일단은 알았습니다."

그렇게 그는 우리집을 떠났다. 그 다음날 바로 전화를 해서 나를 당황시켰다. 자기 아내에게도 비밀에 부치겠다고 약속했던 그 사람이 다음과 같은 얘기를 내게 한 것이다.

"오늘 아침 대선캠프 회의에서 그 얘기를 했는데, 한 사람도 빠짐없이 반대합니다. 그래도 밀고 나가야 합니까?"

"그 사람들과 대선 치르십시오. 다시는 전화하지 마시고요."

"아니, 그렇게 화내지 마시고요. 차분하게 설명을 좀 해주십시오."

"그들이 뭐라고 하던가요? 충청도 민심 3백을 얻기 위해 수도권 민심 2천을 잃는다고들 말하지요?"

"그걸 어떻게 아셨습니까?"

"그러니까 제 전략이 위력을 발휘하는 것입니다. 만약 행정수도의 충청도 이전이 대선에서 결정적인 역할을 할 것이라는 사실을 이회창이 눈치챈다면, 자신도 그렇게 하겠노라고 나실 것입니다. 그러면 지금의 판세는 뒤집어질 수가 없습니다. 명심하셔야 할 것은, 지금 이회창

지지율의 1/3에도 미치지 못한다는 사실입니다. 목숨도 버릴 각오로 나서야 겨우 이회창을 이겨낼 수 있습니다. 아시겠습니까? 그리고 또 하나, 대선 두 달 전에 이 전략을 써야 한다는 점도 명심하시기 바랍니다."

"알았습니다."

그렇게 답변했던 그는 다음날 바로 기자들과의 오찬에서 "만약 대통령에 당선된다면 행정수도를 충청도로 이전하겠다"라며 발설하고 만다. 그 뒤의 일이 나는 너무 걱정스러웠다.

노무현 후보의 국민지지율은 빠르게 상승했다. 불과 한 달도 지나지 않아 노무현 후보의 여론조사 지지율은 최고 65.3%까지 상승했다. 그동안 돈과 사람들이 많이 몰려들어 '밤의 대통령'이라는 별칭을 들었던 이회창 후보의 지지율보다 2배 이상 높은 것이었다. 그래서 나는 처음으로 그에게 직접 전화를 걸어 다음과 같이 당부하고 또 당부했다.

"정치지도자가 자신감을 보이면 국민은 추종합니다. 그러나 오만하게 보이는 즉시 국민은 외면합니다. 만약 오만한 짓을 하나라도 하면, 지금의 지지율은 금방 반 토막이 나고 말 것입니다. 쉽게 얻어진 것은 쉽게 잃기도 합니다. 자중하고 또 자중하시면 좋겠습니다. 그래야 대선에서 승리할 수 있습니다."

　　　　　　　　　　경제파국으로 치닫는 금융위기

"자신감과 오만의 차이가 무엇입니까? 어떤 때에 국민은 자신감으로 받아들이고 또 어떤 때에는 오만한 것으로 받아들입니까?"

"그것은 저도 모릅니다. 국민이 오만한 것으로 받아들이면 오만한 것이고, 국민이 자신감으로 받아들이면 자신감입니다. 그러니 자중하고 더욱 자중하시면 좋겠습니다."

내 우려는 금방 현실이 되고 말았다. 내가 결사적으로 막으려 했던 하나의 사건이 국민 눈에는 그가 오만하게 비쳐졌고, 결국 그의 지지율은 반 토막이 나고 말았다. 그 사건이 무엇인지는 여기에서 굳이 밝히지 않는 것이 좋겠다. 곰곰이 기억해보면 모두 잘 아는 사실일 테니까.

결국 노무현은 정몽준에게 대선에 나설 기회를 주었다. 민주당 내에는 후보단일화협의회(후단협)가 구성되었고, 정몽준과 후보를 단일화하라는 당내의 끈질기고 강력한 압력에 시달리게 되었다. 그 이후에 일어난 일들도 모두 잘 알려진 것들이라서 생략하기로 한다.

대통령이 된 다음에도 그는 가끔 나를 불렀다. 특히 2004년 국회의원 총선거 직전에는 더더욱 그랬다. 여론조사에서는 당시의 여당인 열린우리당이 전체 300석 중에서 50석 정도를 차지하는 데 그칠 것으로 나타났기 때문이었다. 이 얘기 역시 더이상 하지 않는 게 좋겠다는 것이 내 판단이다. 그때 내가 제안한 선거전략으로 직접 피해를 입은 분들이 너무 안타깝기 때문이다.

내가 걸어온 길을
이야기한 이유

　이 세상에서 자기 자랑을 늘어놓는 사람처럼 꼴불견인 것도 드물다. 자기 자랑을 일삼으면, 사람들의 눈총을 받는 것으로 그치는 것이 아니라 흔히 왕따를 당하고 마는 것이 세상인심이다. 이런 사실을 잘 알고 있는 내가 왜 굳이 내 자랑을 늘어놓았을까? 그것도 이 책의 주제와는 아무런 상관도 없을 것 같은 이미 오래된 정치 얘기까지 구차하게 들먹이면서 말이다.

　한마디로, 지금부터 내가 할 얘기를 독자 여러분들이라도 정신을 집중해서 들어주길 간청하기 위해서이다. 다시 말해, 위와 같은 야사를 이제 와서 굳이 들먹인 것은 지금 닥쳐오고 있는 우리나라와 세계경제의 험난한 앞날에 대한 내 얘기에 힘을 실어

주기 위해서라는 것이다. 무엇보다 "경제위기에 관한 한, 내 예측은 아직까지 한 번도 틀린 적이 없다"는 사실을 강조하기 위해서 말이다. 내 마음은 그만큼 간절하다. 지금 우리나라 경제와 세계경제가 직면하고 있는 경제위기가 과거에는 볼 수 없었던 참혹한 것이 될 가능성이 커서 더욱 그렇다,

특히, 정부의 경제정책이 이처럼 심각하게 진행되고 있는 경제위기를 인식하지 못한 가운데 경제원리를 위배하여 펼쳐지면, 1930년대의 대공황보다 더 참혹한 경제난을 장기간 겪어야 하는 것은 아닌지 걱정이다. 이제부터는 이 책의 주제인 '앞으로 닥칠 경제위기'에 대해 본격적으로 살펴보기로 하자.

그 이전에 밝혀둬야 할 점이 몇 가지 있다. 이것들은 또 내 자랑, 내 오만으로 비쳐질 수도 있지만, 앞으로 닥칠 경제위기를 타개하기 위해서는 그만큼 중요하다. 경제위기의 원인과 전개과정을 정확히 알아야 적절하게 대처할 수 있지 않겠는가 싶어서이다. 국가경제의 장래를 위해서도, 기업의 성공적인 경영을 위해서 특히 위기경영을 위해서도, 개인의 투자활동은 물론이고 일반 국민의 경제생활을 위해서도 그것들은 필수적이라는 것이 내 판단이다.

3장

경제학과
경제위기

경제학은 경제위기를 예측해낼 수 있을까? 경제위기를 올바르게 진단이라도 해낼 수 있을까? 오히려 현 경제학은 경제위기를 인정하지도 않는다. 이론체계가 경제주체의 합리적 행동, 완전한 경쟁, 그리고 완전한 균형이라는 전제조건 위에 구축되었기 때문이다. 경제학의 패러다임은 위와 같은 조건 위에 구축한 일반균형의 이론체계를 갖추고 있으므로, 경제위기는 물론이고 경기변동의 존재까지도 발생하지 않는 것으로 간주하고 있다. 그러니 경제학이 어찌 경제위기를 예측해낼 수 있겠는가. 그리고 위와 같이 현실과는 거리가 먼 이론체계를 배운 경제학자들이 어찌 경제위기를 정확하게 예측해낼 수 있겠는가.

물론 경기변동과 경제위기에 대한 경제학계의 연구는 다양하게 그리고 아주 깊게 이뤄져 왔다. 그러나 일반균형이론을 바탕으로 한 현 경제학, 현실과는 완전히 동떨어진 경제학을 배웠기 때문에 경제위기와 경기변동에 관한 경제학자들의 연구는 한계를 보일 수밖에 없었다.

경제파국으로 치닫는 금융위기

경제위기에 관한 한 경제학자들의 얘기는 듣지 마라

왜 소수의 경제학자만 경제위기가 닥칠 것이라고 경고하고 있을까? 왜 경제위기를 경고하는 경제학자를 '닥터 둠Dr. Doom' 즉 '비관 박사'라며 부정적으로 부를까? 왜 닥터 둠의 경제위기 경고는 자꾸만 틀리는 것으로 여겨질까? 왜 그들의 예고는 수년이 흘러야 비로소 실현되는 것일까? 다른 수많은 경제학자들은 왜 경제위기에 대해 침묵하고 있을까?

그 이유는 크게 두 가지이다. 그 하나는 학문연구의 전통적인 풍토 때문이고, 다른 하나는 경제학이 무능하기 때문이다.

우선, 학계에서는 아래와 같은 비유적인 얘기를 흔히들 한다.

즉, 학사는 파리를 연구하고, 석사는 파리의 뒷다리를 연구하며, 박사는 파리 뒷다리의 털을 연구한다 라고 말이다. 만약 그렇다면, 파리의 뒷다리 털을 연구하는 박사들이 파리가 어떻게 날아다니고 자연계에서는 어떤 역할을 하는지 등을 얼마나 잘 알겠는가. 다시 말해, 파리 뒷다리의 털을 연구하는 경제학 박사들이 국가경제가 어떻게 작동하고, 어떤 변동을 보이며, 지금 어떤 상황인가 등을 어떻게 정확하게 진단해낼 수 있겠는가 말이다. 실제로 그동안 수많은 경제학자가 미래형 경고를 남발했지만, 대부분의 경우 그들의 예고는 전혀 실현되지 않았거나, 실현되었더라도 시간이 너무 지나서 실현되곤 했다. 그래서 이런 경험을 한번이라도 겪은 경제학자들은 좀처럼 입을 열려고 하지 않는다.

그렇다고 경제학자들이 무능하다고 얘기하자는 것은 결코 아니다. 그들이 무능해서가 아니라, 경제학이 무능할 따름이다. 경제학자들이 배운 경제학이 무능한데, 어찌 경제학자들이 유능할 수 있겠는가? 실제로 마르크스 경제학은 물론이고 주류경제학의 여러 이론은 현실에서 거의 쓸모가 없다.

예를 들어, 경제학의 중추인 가격이론은 주식시장에서조차 아무런 쓸모가 없다. 주식시장은 구매자와 판매자가 헤아릴 수 없을 정도로 다수이고, 주식에 관한 정보는 다른 어느 시장보다 더 값싸게 그리고 더 짧은 시간 안에 거의 완벽하게 얻을 수가 있다. 주식시장은 이처럼 현 경제학의 완전경쟁과 일반균형의 전제 조건을 거의 완벽하게 충족시키고 있음에도 불구하고, 주식투자자 중 어느 누구도 가격이론에 입각해 투자하지는 않는다. 만약 가격이론에 입각하여 주식투자에 나서겠다고 말하면, 주식시장에서는 비웃음을 살 게 뻔하다. 그만큼 현 경제학의 가격이론은 무능한 셈이다.

소득이론도 무능하기는 마찬가지이다. 주류경제학의 소득이론에 입각한 여러 종류의 경제예측모델들이 경기변동의 예측에 활용되어 왔지만, 그 예측이 거의 모두 엉터리였거나 혹시 맞아떨어지더라도 별로 의미가 없는 경우가 대부분이었다. 현재의 소득이론은 경기가 호조일 때는 계속 호조를 보일 것으로 예측하고, 경기가 부진할 때는 계속 부진할 것으로 예측할 수밖에 없는 특성을 지녔기 때문이다. 간단히 말해, 모든 경제예측 모델들은 하나의 함수식으로 이뤄져 있는데, 이런 하나의 함수식은 하나의 벡터만을 도출할 수 있고, 하나의 벡터는 그 방향과 속도가 일정하게 나타날 수밖에 없다는 것이다.

그뿐만이 아니다. 현재의 소득이론은 재정적자 정책이 재정승수만큼 소득을 증가시켜 국내경기를 상승시킨다고 가르치지만,

현실은 이 이론을 부정한 지가 이미 오래되었다. 예를 들어, 1960년대까지 미국과 영국은 재정적자 정책을 통해 국내경기의 하강을 막고 경제호황을 유지하려는 정책을 펼쳤는데, 1970년대에 이르러서는 결국 스태그플레이션을 초래하고 말았다. 그래서 지금은 경기부양을 목적으로 재정지출을 확대하는 나라를 최소한 선진국에서는 찾아보기가 어렵게 되었다.

사실 상식적으로 생각해보면, 재정적자 정책이 국내경기의 호조를 지속시킬 수 없다는 것은 쉽게 알아챌 수가 있다. 재정적자가 GDP를 넘어설 수는 없으므로, 그리고 재정적자 정책에 따라 발생하는 국가부채의 증가는 언제까지나 지속할 수 없으므로, 언젠가는 재정적자 정책을 중단할 수밖에 없고, 그러면 재정지출 증가율은 줄어들게 되어 재정의 역승수 효과가 나타날 수밖에 없다. 그러면 국내경기는 빠르게 하강할 수밖에 없다.

그뿐만이 아니다. 재정지출은 생산성과 수익성이 낮아서 민간기업이 외면하는 분야에 주로 투자되므로, 재정지출이 커지면 커질수록 국가경제의 평균생산성은 낮아지고 한계생산성은 마이너스를 기록할 수밖에 없다. 더욱이 한계생산성이 마이너스를 기록한다는 것은 성장률이 줄어든다는 것을 의미한다. 결론적으로, 재정지출의 증대는 성장률을 떨어뜨리는 역할을 할 뿐이다. 그런데 현재의 경제학은 이런 상식적인 판단조차 하지 못하고 있는 실정이다.

그밖에 통화금융이론은 경제에서 일어나는 통화금융 현상을 제대로 읽어내거나 진단조차 할 수 없는 수준이고, 이자율의 변동은 더더욱 예측해낼 수가 없다. 국제교역과 환율의 이론도 마찬가지이다. 예를 들어, 경제학계에서 최고 경지의 이론이라고 평가받는 헥셔–올린 정리Heckscher-Ohlin Theorem나 리프친스키 정리Rybczynski Theorem 등은 어느 나라는 국제수지가 적자인데 다른 나라는 흑자인 이유를 설명하지 못할 뿐만 아니라, 환율의 변동을 예측하는 것은 엄두조차 낼 수 없는 수준이다.

왜 경제학은 위와 같이 미개한 수준에 머물러 있을까? 경제학은 그 개척자인 아담 스미스 이래 거의 250년, 현 주류경제학을 완성했다는 평을 듣는 신고전파 경제학이 성립한 지는 벌써 150년이 지났음에도 불구하고, 경제학은 왜 그동안 전혀 진화하지 못했을까? 왜 현 경제학은 현실경제에서는 실용성이 거의 없게 되고 말았을까? 그 이유는 다음과 같다.

20세기 내내 자본주의와 사회주의가 온 세상을 지배함에 따라, 자본주의 경제학과 사회주의 경제학은 서로 치열한 대립을 할 수밖에 없었다. 그 결과로 어느 경제학파가 논리적 엄밀성과 과학적 타당성을 가지고 있는가를 두고 경쟁하는 결과를 빚었다. 이것이 실용성을 갖춘 경제학의 진화를 가로막았다는 것이 내 판단이다. 이 문제는 너무 전문적이므로 이 정도에서 마무리한다.

그럼 누구의 말을 믿어야 할까? 상아탑에만 갇혀 있는 경제학자보다는 김영익 교수나 짐 로저스와 같이 경제현장에서 잔뼈가 굵은 사람들의 얘기가 훨씬 더 신뢰성이 있으니, 차라리 이들의 얘기를 믿는 것이 더 바람직하다. 경제현장에 있었을 뿐만 아니라, 경제위기가 어떤 원인으로 어떤 전개과정을 거쳐 어떤 결과를 빚는지 등 그 경제원리를 탐구하는 경제병리학을 구축한 내 말을 믿으면 더욱 바람직하겠지만 말이다. 경제병리학은 곧이어 자세히 살펴본다.

무능한 경제학이라도
공부해야 하는 이유

가상화폐 열풍이 무섭게 불어댄 적이 있었다. 아니 지금도 가상화폐 투자에 열정적인 사람들이 제법 많이 있고, 가상화폐 전문가를 자처하는 사람들은 사방에 널려 있다. 그들은 가상화폐가 언젠가는 법정화폐를 대체할 것이라고 철석같이 믿기도 한다. 혹자는 "지금 당장 가상화폐가 법정화폐를 대체해야 한다"라고 주장하기도 한다. 과연 그럴까? 아니다.

그들이 만약 경제학의 통화금융이론 중에서 가장 기본적인 내용만이라도 충실히 공부했다면, 가상화폐가 결코 화폐가 될 수 없다는 사실을 쉽게 파악할 수 있었을 것이다. 그들은 경제학의 통화금융이론에는 문외한이었고, 그 바람에 경제적으로 엄청나게 큰 타격을 입을 수밖에 없었으며, 앞으로는 더욱 치명적인 타격을 입을 것이 뻔하다. 그들은 경제학의 가장 기초적인 내용조차 공부하지 않았기 때문이다. 간단히 말해, 현 경제학이 현실에서는 아무리 무능하다고 하더라도, 경제학은 반드시 공부해야 한다는 것이 내 판단이다. 지금부터는 이 문제를 좀 더 자세히 살펴볼 필요가 있겠다.

2022년 5월 중순쯤, 가상화폐 시장에는 날벼락이 떨어졌다. 가치가 보장된 가상화폐라는 소위 '스테이블 코인'의 한 종류인 테라와 그 자매격인 루나의 가격이 폭락하면서 다른 가상화폐들은 물론이고 관련 업체들에도 치명적인 손실을 초래한 것이다. 실제로 1달러에 고정되어 있다는 테라의 가격은 5월 16일 14센트로 폭락했고, 한때 119달러를 기록했던 루나의 가격은 더욱 처참하여 0.0002달러로 추락했다. 블룸버그통신은 5월 15일(현지시간) 기준으로 최근 일주일 동안 테라와 루나의 시가총액이 450억 달러(약 57.8조 원)나 증발했다고 보도하기도 했다. 그밖에 스테이블 코인의 대표주자인 테더는 95센트까지 밀리기도 했고, 가상화폐의 대표주자인 비트코인 역시 한때는 6만8천 달러를 넘어선 적이 있었으나 5월16일에는 2만5천 달러 선으로 하락했다. 그러자 2008년 10월에 도산했던 리먼브라더스가 글로벌 금융위기를 초래했던 것처럼 루나와 테라도 마찬가지일 것이라는 극단적인 전망까지 나오기도 했다.

가상화폐 시장의 위와 같은 추락을 나는 이미 오래전부터 예고해왔다. 2019년부터는 가상화폐 투자가 결국 비극을 초래할 것이라는 경고까지 했다. 하지만 그 이후 가상화폐 시장은 오히려 더 큰 호황을 누리면서 내 경고는 외면당하고 말았다. 그랬음에도 불구하고 나는 가상화폐가 전성기를 맞았던 2020년과 2021년에도 조만간 가상화폐가 몰락할 것이라고 꾸준히 경고해왔다. 테라와 루나는 그저 운이 나빴을 뿐, 다른 가상화폐도 결국에는 마찬가지 운명에 처할 것이라는 게 내 판단이었다. 다음과 같은 가상화폐에 대한 내 주장의 논리는 이제라도 주목할 필요가 있을 것이다.

첫째, 통화금융정책은 국가경제의 경영에서 가장 핵심적인 역할을 한다. 특히 케인즈의 재정적자 정책이 스태그플레이션을 초래한다는 사실이 여실히 드러남으로써 거의 유명무실해진 뒤에는, 통화금융정책의 중요성이 더욱 커졌다. 무엇보다, 미국이 1980년대부터 통화금융정책을 중심으로 국가경제의 경영에 나서면서 다른 선진국들과는 비교할 수 없을 정도로 뛰어난 경제성적을 거뒀던 것이 그 중요성을 더욱 부각시켰다. 간단히 말해, 통화금융정책은 국가경제의 안정적인 성장을 위해 어느 무엇에 못지않게 중요하다는 것이다.

만약 가상화폐가 일반화된다면, 그래서 혹시라도 법정통화를 대체한다면, 통화금융정책을 유명무실하게 할 가능성이 크다. 가상화폐는 중앙은행이 통제하기가 어렵기 때문이다. 실제로 가상화폐 관계자들은 가상화폐를 중앙은행의 역할을 배제하는 '분권화 통화'라고 주장하기도 한다.

둘째, 가상화폐는 누구나 만들어낼 수 있고, 이미 수천 종의 가상화폐가 출현했다. 혹시라도 만약 가상화폐가 장차 일반화되어 법정화폐를 대체한다면, 국가경제는 심각한 경제위기로 치달을 가능성이 다른 어느 때보다 커질 것이다. 역사적으로도 그런 사례는 여럿 있었다.

대표적으로 미국에서는 1880년대 중반까지 어떤 은행이든 화폐를 발행할 수 있었고, 1,600개 은행에서 발행한 7천여 종의 화폐가 존재했었다. 이런 화폐 난립은 1873년에 발생하여 1896년까지 무려 20여 년 동안 지속한 대공황의 발발에 결정적인 영향을 끼쳤다. 그나마 당시에는 금본위제가 시행됨으로써 금융시장의 안정에 기여했고, 청산소도 중요한 역할을 했다. 그러나 지금의 가상화폐는 그 가치를 보장할 방법이 거의 없다. 아니, 전혀 없다.

셋째, 화폐의 가장 기본적인 기능은 거래수단으로서의 기능이다. 그런데 가상화폐를 거래수단으로 활용하기에는 그 인출과 결제가 너무 번거롭고 시간도 많이 소요된다. 더욱이 가상화폐의 가격은 단기간에 너무 큰 폭으로 변동해왔다. 만약 가상화폐가 화폐로서 인정된다면, 다른 모든 재화의 가격은 매시간 아주 큰 변동폭을 보이지 않을 수 없을 것이다. 그러면 국가경제의 안정적인 성장은 기대하기가 어렵게 된다.

결론적으로, 가상화폐는 화폐로서의 기능을 하기가 영원히 불가능할 것이 뻔하다. 설령 가상화폐의 가치가 장차 안정성을 찾더라도 다른 여러 문제점이 해소되기까지는 상당한 시간이 소요될 것이다. 어쩌면 영원히 불가능할지도 모른다. 그러면 가상화폐에 투자한 사람은 언젠가는 큰 손실을 당하고 말 것이다.

참고로, 화폐의 기능은 기본적인 기능과 파생적인 기능으로 나뉘고, 기본적인 기능에는 위에서 언급한 거래수단으로서의 기능과 가치저장수단으로서의 기능 등 두 가지가 있다. 가상화폐는 가격의 등락폭이 다른 어느 재화보다 더 커서 가치저장수단으로도 적합하지 않다. 그밖에 파생적 기능으로는 거래단위, 회계단위, 지불수단 등을 꼽을 수 있다. 이런 파생적 기능에도 가상화폐는 적절치 못하다. 가상화폐는 화폐로서의 기능이 최악인 셈이다.

한마디로 정의하자면, 가상화폐는 도박장의 도박코인에 불과하다는 것이 내 판단이다. 도박장 개설이 허가된 곳에서는 도박산업이 번창하듯이, 가상화폐 시장도 마찬가지라는 것이다. 가상화폐에 대한 투자는 도박과 마찬가지이므로, 결국은 모든 투자자를 파멸로 이끌 것이 뻔하다. 일시적으로 큰 성공을 거뒀더라도 마찬가지이다. 도박은 중독성이 아주 강해서 좀처럼 그만둘 수가 없기 때문이다. 그 중독성 때문에 가상화폐에 대한 도박은 지속할 수밖에 없고, 그러면 언젠가는 파산을 하지 않을 수가 없다.

설령 투자에 실패하지 않더라도, 그 거래가 계속 이뤄지면 결국 남는 것은 아무것도 없게 된다. 예를 들어, 거래비용이 1%일 경우, 거래가 100번만 이뤄져도 원금의 65% 이상이 사라지게 된다. 결국은 도박장을 개설한 자들과 도박딜러들만 번창하게 되는 것과 마찬가지가 된다. 라스베가스가 번창하는 이유가 바로 이것이다. 하지만 가상화폐 투자를 비롯한 모든 도박은 국가경제의 장래를 위해 결코 바람직한 일이 아니다.

끝으로, 가상화폐 특히 비트코인이 등장한 배경이 그다지 아름답지 못하다. 즉, 『화폐전쟁』이라는 책이 비트코인의 등장에 중요한 역할을 했는데, 이 책은 최악의 불량서적 중 하나이다. 예를 들어, 이 책은 유태인이 미국 금융시장의 지배를 통해 세계경제

경제파국으로 치닫는 금융위기

를 장악하려는 음모를 꿈꾸고 있다고 주장한다. 그러나 미국 금융시장에서 유태인이 차지하는 비중은 괄목할 정도의 수준은 아니다. 금융시장의 지배계층은 물론이고 일반 구성원도 마찬가지이다.

무엇보다 그 책에서는 이 사람도 유태인이고 저 사람도 유태인이라고 주장하지만, 그중에는 반유태주의자도 꽤 포함되어 있다. 심지어 어떤 사람의 5대 조모가 유태계였다는 주장까지 한다. 이 유태인 음모론은 나치독일이 조작하여 세상에 퍼뜨린 것이다. 그리고 위의 책은 유태인이 세계대공황을 일으켰다는 주장을 펼치기도 하지만, 대공황으로 망한 최초의 은행은 유태계 금융인의 대부격인 로스차일드 가문의 장자가 운용하던 크레디트-안슈탈트Credit-Anstalt였다.

안타깝게도 이런 불량서적이 주장하는 바에 따라 가상화폐가 탄생했던 것이다. 그리고 전 세계적인 광기를 일으켰고, 지금도 크게 달라지지 않았다. 하지만 조만간 세계적인 금융위기가 터지면 그 가치가 급락할 것이고, 그러면 가상화폐도 몰락할 것이다. 그러면 국가경제에 부정적인 영향을 미칠 것이 뻔하다.

4차 산업혁명은
허구에 불구하다

가상화폐는 4차산업혁명의 결과물(블록체인) 혹은 그 총아 중 하나라는 것이 일반적인 인식이다. 과연 그럴까? 가상화폐가 4차 산업혁명의 총아라고 불러도 좋을까? 근본적으로 4차산업혁명 이라는 용어가 적절하기나 한 것일까? 이런 의문을 해소하기 위해서는 다음과 같은 현실적인 얘기가 필요할 것 같다.

문재인 정부는 한국판 뉴딜정책을 내세웠다. 뉴딜정책이 성공했다고 믿었기 때문이었을 것이다. 물론 케인즈 경제정책이 각광을 받았던 1960년대까지는 뉴딜정책이 크게 성공하여 대공황을 벗어나는 데 결정적인 역할을 했다고 여겨졌다. 그러나 1970년대에 스태그플레이션이 세계적으로 유행한 다음에는 이런 인식이 점차 사그라들었다. 아니다. 실제로는 뉴딜정책이 처절하게 실패했다고 평가하는 것이 마땅하다. 만약 뉴딜정책이 성공했다면, 대공황이 10년 이상 지속했을 이유가 없기 때문이다. 뉴딜정책이 펼쳐졌음에도 불구하고 경제난은 10년 이상 지속하지 않았는가 말이다.

위와 같은 얘기는 나 혼자만 하는 것이 아니다. 위의 사실은 저명한 경제학자들에 의해서 이미 심층적으로 연구되고 입증되었다. 대표적인 저서들로는 찰스 킨들버거Charles P. Kindleberger가 1978년에 발간한 『대공황의 세계 1929-1939The World in Depression, 1929-1939』, 진 스마일리Gene Smiley가 2002년에 발간한 『세계 대공황 Rethinking the Great Depression』, 찰스 페인스틴Charles H. Feinstein 등이 2008년에 공저한 『대공황 전후 유럽경제The World Economy between the World Wars』 등의 책을 꼽을 수 있다. 특히 셋째 저서의 공저자인 피터 테민 Peter Temin은 "대공황은 결코 불가피한 것이 아니었다. 대공황은 경제정책의 실패가 원인이었으며, 경제정책이 변화되고서야 회복이 시작되었다"라고 단언했다.

문재인 정부가 이미 실패가 드러난 뉴딜정책을 내세웠던 것은 아주 심각한 문제가 아닐 수 없다. 문재인 정권에는 위와 같은 저서들조차 읽은 경제전문가가 하나도 없었기에 한국판 뉴딜정책을 내세웠을 것이기 때문이다. 간단히 말해, 설령 코로나 사태가 터지지 않았더라도, 경제난은 심화될 수밖에 없었던 것이 문재인 정권의 운명이었던 것이다.

더욱이, 문재인 정부는 한국판 뉴딜정책의 일환으로 4차산업 혁명을 적극적으로 추진했는데, 이것도 다음과 같은 여러 문제점 을 안고 있었다.

첫째, 문재인 정부는 4차산업혁명을 추진하면 성장잠재력이 향상됨으로써 국가경제가 살아날 것이라고 국민을 호도했다. 하 지만 경제난은 날이 갈수록 심각해졌고, 이것은 경제정책이 실패 했기 때문일 따름이다. 바꿔 말해, 성공할 경제정책을 새롭게 모 색해서 추진해야 비로소 경제가 살아날 수 있었는데, 이미 실패 한 경제정책을 반복했던 것이다. 무엇보다, 4차산업혁명이 경제호 황을 일으킬 것이라는 환상을 심어줌으로써, 성공할 경제정책의 발굴을 가로막았던 것이 가장 심각한 문제였다. 코로나 사태는 이 사실을 은폐했을 뿐이다.

둘째, 정부 주도의 과학기술 개발은 세계사적으로 성공한 사 례를 찾아보기가 어렵다. 세계적으로 저명한 경영학자인 마이클 포터Michael Porter는 2000년에 발간한 자신의 책 『일본 경제 위기 보고서^{Can Japan Compete}』에서 구체적인 사례를 통해 이 사실을 증명했다. 중국의 경우는 '반도체 굴기'를 내세워 칭화유니그룹, 우한훙신반도체제조^{HSMC}, 화이안더화이, 청두거신 등에 대대적인 지원을 쏟아부었으나, 모두 실패하고 말았다.

현실적으로, 4차산업혁명이 경제를 회생시킨 사례는 세계적으로 아직 하나도 없다. 아니 4차산업혁명이라는 용어 자체가 적절치 못하다. 산업혁명이라고 불리기 위해서는 장기간에 걸쳐 산업생산성이 십여 배 이상 향상되어야 한다. 예를 들어, 18세기 중반에 섬유산업을 중심으로 영국에서 일어난 산업혁명은 생산성을 획기적으로 향상시켰다. 방적사의 경우 1780년대 이후부터 50년 동안에 그 원가가 36실링에서 3실링으로 떨어졌다.[1] 면직물의 경우에는 그 가격이 1786년 파운드당 38실링에서 1800년에는 10실링도 안 되게 떨어졌다.[2]

위와 같은 정도의 생산성 증대효과가 나타났을 경우에만 산업혁명이라고 부를 수 있다. 그래서 19세기 말부터 20세기 초까지 일어났던 철도와 자동차 그리고 철도망과 고속도로의 건설 등의 수송혁명은 거의 모든 재화의 수송비를 절감한 것은 물론이

---

1   그렉 클라이즈데일, 『부의 이동』, 21세기북스, 2008, p.192.
2   윌리엄 번스타인, 『부의 탄생』, 시아출판사, 2008, p.314.

고 그 수송시간도 크게 단축시킴으로써 국가경제의 생산성을 획기적으로 향상시켰음에도 불구하고, 산업혁명으로 간주하지 않는 것이 경제학계의 전통이다.

더욱이, 4차산업혁명이라는 용어를 창조한 다보스 포럼은 주류경제학계 소수파의 일부와 진보적 경제학자의 비정통파 중에서 소수가 참여하고 있을 뿐이다. 다시 말해, 주류경제학의 다수파의 대부분과 마르크스 경제학의 정통파는 4차산업혁명이라는 용어를 좀처럼 사용하지 않는다는 것이다. 우리나라가 이런 비주류 소수파 경제학자들이 사용하는 4차산업혁명이라는 용어를 따르는 것은 스스로를 변방으로 내모는 것이나 다름없다.

끝으로, 4차산업혁명의 총아 중의 총아라고 불리는 AI에 대해서도 좀 더 곰곰이 살펴볼 필요가 있겠다. AI 전문가들은 지금 인간이 하는 일을 조만간 AI가 대부분 대체할 것이라고 흔히들 주장한다. 심지어 강AI와 약AI로 나누고, 강AI는 장차 인간의 능력보다 훨씬 뛰어나게 될 것이라고 주장하기도 한다. 이게 사실일까? 아니다. 아직은 요원한 이야기일 뿐이다. 이것을 이해하기 위해서는 잠시 AI의 발달사를 잠시 살펴볼 필요가 있다.

AI가 세상의 이목을 끈 것은 세계대전 직후이다. 컴퓨터가 새롭게 등장하여 각광을 받기 시작하자, 컴퓨터가 인간이 하는 모든 일을 더 잘 해낼 것으로 믿어졌다. 그러나 컴퓨터의 성능은 기대만큼 빠르게 향상되지 못했다. 그래서 거의 30년에 가까운 장기간의 1차 AI 빙하기가 찾아왔다.

다행히 1980년대부터는 고성능 반도체가 등장하고 컴퓨터도 비약적으로 발전함에 따라 그 처리용량이 급속히 증가하면서 AI에 대한 관심이 다시 크게 일어났다. 이때의 AI 전성기는 1980년대 말까지 이어졌다. 그러나 AI의 기능을 향상시킬 알고리즘의 개발이 컴퓨터의 성능향상을 따라가지 못했고, AI에 대한 실망감도 그만큼 커졌다. 제2의 빙하기가 다시 찾아온 것이다. 이 빙하기는 알파고가 바둑게임에서 초일류 기사였던 이세돌을 이겨냄으로써 20년 만에 끝났다.

최근에는 다른 어느 때보다 AI에 대한 관심이 더 커졌다. AI 전문가들의 콧대는 그만큼 하늘 높은 줄 모르게 높아졌다. 실제로도 AI는 눈부신 발전을 거듭했다. 컴퓨터가 AI의 기능을 충실히 수행하기 위해서는 제 본연의 연산기능 이외에 이미지 인식, 음성 인식, 문장 인식 등의 기능을 원활히 수행할 수 있어야 하는데, 각각의 분야에서는 괄목할만한 발전을 이룩했다. 예를 들어, 이미지 인식의 경우에는 고양이와 개를 구별해낼 수 있는 수준에 이른 것은 물론이고, 사람의 안면을 하나하나 인식하는 수준에까지 이르렀다. 그래서 AI가 인간이 하는 모든 일을 더 잘 해낼 것으로 믿어지고 있는 것이 요즘 세태이다.

여기에서 잠깐, 알파고의 사례를 좀 더 자세히 들여다볼 필요가 있겠다. 바둑은 경우의 수가 숫자로 헤아리기 어려울 정도로 많다(정확하게는 361!). 그러나 그 원리는 아주 간단하다. 집을 많이 짓는 쪽이 승리하는 것이다. 그리고 경기자는 두 명에 불과하다. 간단히 말해, 바둑은 컴퓨터에 최적화된 게임인 셈이다. 그러니 당연히 AI가 프로기사를 이길 수 있었던 것이다.

이제 AI의 현실적 상황을 살펴보자. 인간의 역량에 버금갈 정도로 강AI가 제 역할을 다하기 위해서는 연산기능을 제외하더라도, 이미지 인식, 음성 인식, 문장 인식 등을 모두 완벽하게 해낼 수 있는 것은 물론이고, 그 모두를 한꺼번에 해낼 수 있어야 한다. 그러나 현재의 AI 수준은 여기에 한참 못 미친다. 이미지 인식과 음성 인식을 함께 수행해낼 수 있는 알고리즘은 아직도 개발 중이고, 이미지 인식과 문장 인식을 함께 해낼 수 있는 알고리즘, 음성 인식과 문장 인식을 함께 해낼 수 있는 알고리즘 등의 개발 역시 요원한 실정이다. 연산기능, 이미지 인식, 음성 인식, 문장 인식 등을 모두 함께해낼 수 있는 알고리즘은 아직 꿈도 꾸지 못하는 상황이다. 설령 이런 모든 기능을 한꺼번에 해낼 수 있는 알고리즘을 개발하더라도, 그 알고리즘의 규모가 엄청나게 커져서 웬만한 초고성능 컴퓨터로는 감당해내기가 어려울지도 모른다.

위와 같은 상황에서 AI에 대한 사람들의 기대가 지금처럼 마냥 커지기만 하면 어떤 일이 벌어질까? 만약 위와 같은 기능을 모두 한꺼번에 갖춘 강AI가 빠른 시일 안에 나타나지 않는다면, 당연히 사람들의 실망감은 조만간 그 기대감만큼이나 커질 것이고, 그러면 또다시 새로운 AI 빙하기가 찾아오는 것은 아닌지, 나는 심각하게 걱정하고 있다. 제발 AI 전문가들이 이런 점을 충분히 인식하고 조금만 더 겸손해졌으면 좋겠다는 것이 내 바램이다. AI는 경제에서는 물론이고 모든 면에서 그만큼 아주 중요하기 때문이다.

참고로, 1차산업혁명은 고대의 농업혁명을 지칭하고, 2차산업혁명은 섬유산업 중심의 영국 산업혁명을 지칭하며, 3차산업혁명은 1980년대 이후에 일어난 정보통신혁명을 일컫는다(소위 4차산업혁명의 산물이라고 불리는 것들은 모두 이 정보통신혁명에 속한다). 이런 산업혁명들은 세계경제의 생산성을 획기적으로 향상시켰고, 시대의 전환을 가져오기도 했다.

경제학계에 어떤 업적을 남겼나?

　우리나라에서는 어떤 사람이 어떤 일을 했고 어떤 업적을 남겼는가에는 별로 주목하지 않고, 오로지 그 사람이 어느 대학교를 졸업했는가, 박사학위는 있는가, 유명 대학의 교수직을 가지고 있는가, 아니면 다른 어떤 최고의 전문직책을 가지고 있는가 등의 스펙만을 따지는 경향이 있다. 나는 그런 경험을 특히 많이 했다. 내가 지방대학을 나왔고, 경제학에는 어떤 학위도 없었으며(2021년 1월까지), 어느 대학에서도 정식 교수를 해본 적이 없고, 어떤 공식적인 전문직책을 가져본 적이 없기 때문이다.

　사실 내가 경기변동의 예측을 여러 차례 정확하게 해냈고, 특히 파국적인 경제위기는 국내의 것이든 세계적인 것이든 매번 정확하게 예측해왔다는 사실에는 세상은 주목하지 않는 것이 보통이었다. 그리고 KBS와 EBS에 출연하여 각각 1시간짜리 경제학 강의를 세 번 연속했으며, 삼성 등의 대기업 연수원과 연세대 등 몇몇 대학원에서 경제학 특강을 헤아리기 어려울 정도로 많이 했고, 경제에 관한 책을 주로 출판사의 요청으로 20권 발간했으며, 그중에서도 경제학 이론서만 4권을 발간했다는 사실 등은 흔히 외면당하곤 했다. 특히 경제학계에서는 내가 어떤 연구실적을 남겼으며, 그게 경제학의 발전에는 어떤 기여를 했는가 등만을 따지려 들었다. 하지만 이 책을 읽고 있는 당신은 이런 사람들과는 다르기를 나는 기대해 본다.

이 기회에 내가 경제학계 밖에서 경제학을 연구할 수밖에 없었던 이유를 간단하게나마 밝혀두는 것이 좋겠다. 그래야 학계에서의 내 일천한 경력이 이 책에 대한 잘못된 선입견을 예방할 수 있을 것 같기 때문이다.

우선, 비유를 하나 들어보자. 만약 교회에 가서, 예수가 첫 단추를 잘못 꿰어서 기독교의 발전을 방해하고 있다고 말하면 어떤 일이 벌어질까? 당연히 교회에서 무사하게 빠져나오기 힘들 것이다. 마찬가지로, 근대 경제학의 창시자인 아담 스미스가 첫 단추를 잘못 꿰어서 경제학의 발전을 근본적으로 가로막고 있다고 경제학계에서 주장한다면, 무조건 추방당할 수밖에 없을 것이다. 내 신세가 그런 꼴이었다.

만약 내가 경제학계와 조금만 타협할 수 있었다면, 정상적인 학문연구의 길로 들어설 절호의 기회가 몇 차례 있었다. 그중 대표적인 것 하나만 살펴보면 다음과 같다. 대학 시절, 나는 우리나라에서 가장 뛰어난 경제학 교수 중 한 분(고 민준식 교수)에게 거시경제이론(소득이론)을 배운 적이 있다. 이분의 강의는 학생들 사이에서 인기가 아주 많아서 강의실이 항상 수많은 학생들로 가득차곤 했다. 명강이라는 명성이 학교 밖에서도 자자했다. 그분은 당시에 총장의 직책에 있으면서도 매주 네 시간을 강의했다.

어느 날 그분의 강의시간에 칠판에는 문제가 하나 적혀 있었다. 그 답을 유도하기 위해서는 대강당의 큰 칠판을 가득 채워야 할 정도로 복잡하고 어려운 문제였다. 그분은 이 문제를 푸는 학생이 있다면 장래를 책임지겠다고 말했다. 하지만 어느 학생도 풀겠다고 나서지 않았다. 나는 경제학과 학생이 아니었으므로 주저하고 있었다. 한참 지난 뒤에야 내가 나서서 그 문제를 풀어냈다. 그러자 그분은 나중에 찾아오라고 내게 말해줬다. 하지만 그분을 직접 찾아갈 자신이 없었다. 내 관심사는 경제학이 아니라 자본주의와 사회주의라는 이념이기 때문이었다. 경제학은 이념을 연구하기 위한 수단일 뿐이었다. 내가 이념에 이처럼 매달릴 수밖에 없었던 이유도 이 기회에 밝히는 것이 좋겠다.

나는 어렸을 때부터 장군이 되는 것이 꿈이었다. 직업군인이셨던 내 부친이 그렇게 되기를 원했고, 나 역시 장군이 멋있어 보였다. 그래서 육군사관학교에 가장 많이 입학시킨 고등학교로 진학했고, 내 고등학교 성적도 비교적 우수해서 육군사관학교 입학은 당연한 것처럼 여겨졌다.

불행하게도 당시에는 집안에 좌익분자(빨갱이)가 있으면 육군사관학교 입학이 불가능했다. 나는 그런 사실을 까마득히 모르고 있었다. 대학진학 상담시간에 그 사실을 알고 좌절하지 않을 수 없었다. 어렸을 때부터의 꿈이 무너졌으니, 그 실망감은 이루 말할 수가 없었다. 그래서 한동안 절망감에 휩싸여 방황하기도 했다. 결국은 사회주의가 무엇인가를 연구해보기로 작정했다.

내가 다니던 고등학교는 일제강점기 때 세워진 학교라서 도서관에는 일본 서적들이 많이 있었고, 사회주의에 관한 서적들도 당연히 제법 있었다. 그러나 사회주의 서적들이 있었던 폐쇄된 공간에는 '출입엄금'이라는 중앙정보부장 명의의 빨간 경고표지가 붙어 있었다. 다행히 유리창 쪽에서 들어갈 수 있는 여유가 있었고, 아무도 몰래 그곳에 드나들며, 사회주의에 관한 책 특히 마르크스의 자본론에 관한 해설서들을 주로 섭렵했다. 그리고 대학에도 사회주의와 자본주의라는 사상을 공부할 수 있는 대학과 학과를 선택해서 입학하기로 결심했다. 그런 곳을 찾다가, 동경제국대학에서 정치사상을 정통으로 공부하고 연구한 교수가 전남대학교의 정치학과에 있다는 사실을 알게 되어 그곳에 입학했다.

대학에 입학하자마자, 너무 궁금해서 2학년의 정치사상사 수업에 몰래 들어가서 강의를 들었다. 그리고는 실망하지 않을 수 없었다. 내가 고등학교 시절에 남몰래 도서관에 드나들며 공부했던 수준에 비해서도 너무나 뒤떨어졌기 때문이었다. 그래서 한동안 방황의 시기를 보냈다. 민주화운동이 한창이던 시절이라 시위에도 적극적으로 참여하기도 했다. 그래도 언제까지나 넋을 놓고 살 수는 없었다. 그때 한 선배가 방황하던 나를 일깨워줬다. 어느 날 잔디밭에 누워있던 그 선배는 나를 불러서 『노인과 바다』라는 책을 툭 던져주었다.

"이거나 읽고, 정신 차려라."
"이미 읽어본 책인데요."
"지금 읽으면 새로운 기분이 들 것이다."

그와 헤어진 뒤에 그 책을 찬찬히 읽어봤어도 전혀 새로운 기분이 들지 않았다. 며칠 지나지 않아 그 잔디밭을 지나는데 그 선배가 다시 나를 불러세웠다.

"읽어본 감상이 어떠냐?"
"별로 재미없던데요."

그러자 그는 하이데거의 『실존주의란 무엇인가』라는 책을 내게 던져주었다.

"나도 너처럼 한참 방황한 적이 있다. 이것을 읽어봐라. 그러면 무엇인가 느끼는 것이 있을 게다. 그러고도 감흥이 생기지 않으면, 나도 대책이 없다."

그 책은 내게 큰 충격으로 다가왔다. 간단히 말해, 내가 앞으로 무엇을 해야 할지, 그 방향을 일깨워 주었던 것이다. 그 책을 들고 그 선배를 찾아갔다. 그는 담담히 다음과 같은 한마디를 하고는 홀홀히 멀어져갔다.

"세상은 내가 살아가는 곳이 아니라, 살아져가는 곳이다. 이제 알겠냐?"

그 뒤, 강의나 시위는 모두 잊고 대학도서관에서 여러 책과 씨름했다. 그렇게 한참을 지난 뒤에야 자본주의와 사회주의라는 이념의 과학적인 기초가 경제학이라는 사실을 깨닫게 되었다. 즉 신고전파 경제학이 자본주의의 과학적 기초이고, 마르크스 경제학이 사회주의의 과학적 기초라는 사실을 뒤늦게 깨달은 것이다. 그래서 경제학 공부에 빠져들었다.

금지하면 더욱 관심이 커지듯이, 먼저 마르크스 경제학을 공부하기 시작했다. 당시에는 마르크스의 자본론은 물론이고 사회주의에 관한 다른 정통 연구서들은 모두 금서로 지정되어 있었다. 그래서 서울에 올라가 청계천을 뒤지며 관련 서적들을 어렵게 몇 권이나마 구할 수 있었다. 어렵게 구해서인지 더욱 애착을 갖고, 밤낮을 가리지 않고 공부에 몰두했다. 모든 사회문제, 경제문제는 사회주의가 해결해줄 것만 같았다. 이런 생각이 밖에 알려질 경우에 얼마나 무서운 결과를 빚을지는 내 관심 밖이었다. 그만큼 몰입했다. 그런 과정에서 자의반 타의반으로 군대에 입대하게 되었다. 첫 휴가 때, 이해하기가 가장 어렵게 느껴졌던 사회주의 서적 한 권을 들고 귀대했다. 그 책이 만약 발각되었더라면, 아마 나는 저세상 사람이 되었을지도 모를 일이었다. 나는 그런 사실조차 인지하지 못할 정도로 사회주의 공부에 몰입했다.

그러나 몰입하면 할수록 내 지적 목마름은 더욱 커져만 갔다. 그러다가 군대에서 제대하고 대학에 복학한 뒤, 경제학과에서 가르치는 경제학 원론을 접하게 되었다. 그러고는 또 무섭게 빠져들었다. 마르크스 경제학에서 느꼈던 지적 목마름을 자본주의 경제학의 주류인 신고전파 경제학이 해갈해 줄 것만 같았다. 경제학 원론은 물론이고 미시이론(가격이론), 거시이론(소득이론), 화폐금융론, 국제교역론, 등등 경제학의 각론들을 빠짐없이 섭렵했다. 하지만 공부를 하면 할수록 무엇인가 허망하다는 생각을 지울 수 없었다. 한마디로 그 현실적 실용성이 의심스러웠다는 것이다.

대학을 졸업한 뒤에는 미국으로 유학을 가기가 가장 쉬운 회사(대한무역진흥공사)를 선택해서 입사시험을 치렀다. 경쟁은 치열했으나(100:1 정도?) 운 좋게 합격했다. 당시에는 빨갱이 집안은 해외로 출국하는 것조차 불가능하던 때였고, 대학시절의 성적도 시위참여 때문에 해외유학이 불가능한 수준이었다.

회사에서 해외파견이 눈앞에 있던 시절, 여러 문제가 겹쳐 해외근무를 해보지도 못하고 결국 퇴사하고 말았다. 그 대신 국내에서 독학으로 경제학 연구를 본격적으로 시작했다. 그렇게 세월은 하염없이 흘러갔다. 그 과정에서 심각한 경제난 등 숱한 어려움을 겪었지만, 내 경제학 연구는 멈추지 않았다.

그동안 내가 쓴 글들과 그것들을 모아 출판한 책들을 읽은 많은 이들이 나에게 경제학 연구를 지속할 용기를 주었다. 내 친한 친구들 몇몇도 열렬히 응원해줬다. 그러던 중 우연히 박사과정을 밟을 기회가 주어졌다. 그래서 나이 70에 박사학위를 겨우 딸 수 있었다. 그렇게 나를 성원해줬던 그 많은 분들에게 일일이 감사 인사를 드리지 못하는 것이 안타까울 뿐이다.

참고로 내 박사학위는 경제학과가 아니라 경영학과에서 경영경제학으로 취득했다. 아담 스미스가 경제학의 첫 단추를 잘못 꿰었다고 지금도 믿고 있으니, 경제학과에서 박사학위를 받는 것은 기대할 수조차 없었기 때문이다. 그래도 내 박사학위 논문 주제는 '경제병리학Economic Pathology'이다.[3]

박사과정 때에는 경제학의 기존 이론에 관한 논문이 아니라, 내가 새롭게 구축한 이론들을 응용한 사례연구 논문들을 몇몇 국제저널에 등재시켰다. 이것은 내 박사학위 취득의 조건이었다. 내가 새롭게 구축한 가격이론이나 소득이론 등처럼 기본적인 이론들은 국제저널에서 짧은 기간에 실리기가 어려울 것이라고 판단했기 때문이었다.

---

3   Choe Yongshik, (2021.02.26.) "A Study on Economic Pathology of Financial Crisis based on Clinical Cases", www.assist.ac.kr

경제학의 새로운 이론에 관한 논문들은 박사학위를 딴 뒤부터 본격적으로 국제저널에 게재신청을 하기 시작했다. 유성엽 전 의원은 내 연구에 많은 도움을 주면서 그 논문들의 공저자로 참여했다. 기왕이면 경제학계의 메이저 저널들에 하는 것이 좋겠다고 판단하고 그런 곳들에 여러 차례 기고했으나, 거의 즉각적으로 거절당했다. 그래도 좌절하지 않고 수십 차례에 걸쳐 게재신청을 했다. 최근에는 한 국제저널에서 우리 논문에 관심을 보이는 것 같아서 그동안 준비해둔 논문 11편을 모두 그 저널에 게재신청을 해뒀다.

다음은 내가 국제저널에 게재신청을 했다가 거절당하곤 했던 논문들의 제목이다. 제목만 보더라도 내가 그동안 어떤 연구를 해왔는지를 대강은 짐작할 수 있을 것이다. 한마디로, 나는 국가경제의 경영과 회사의 경영은 물론이고 일반인의 경제생활에도 쓸모가 있는 각종 경제이론을 새롭게 수립하기 위해 50년 이상의 세월 동안 재야에서 홀로 끈질긴 노력을 기울여 왔던 셈이다.

1. How to Evolve Contemporary Economics at First Step:
   Dismantling Ideologies
2. How to Evolve Contemporary Economics at Second Step:
   Modifications of Axioms

3. How to Evolve Contemporary Economics at Third Step: A New Approach to Economics

4. Kinetic Theory of Price: A Part of K-Economics

5. Kinetic Theory of Income: A Part of K-Economics

6. Kinetic Theory of Money and Banking: A Part of K-Economics

7. Kinetic Theories of International Trade and Exchange Rate: A Part of K-Economics

8. Kinetic Theory of System: A Part of K-Economics

9. Synthesizing Path of Kinetic Theories in K-Economics

10. A Research into the Scientific Policy of Government

11. How to Diagnose and Predict the Economy by Utilizing K-Economics

위의 논문들이 국제저널에서 게재가 즉각적으로 거부당한 이유는 나도 충분히 잘 알고 있다. 그 이유부터 먼저 살펴보는 것이 좋겠다. 그래야 위의 논문들이 그 이론적 중요성에도 불구하고 왜 메이저 국제저널에서 거부당하고 있는지를 이해할 수 있을 것이기 때문이다.

첫째, 나는 학계의 일반적인 논문작성의 전통을 거부하고 완전히 새로운 방법을 채택했기 때문이다. 이 얘기는 아래와 같이 자세한 설명이 필요하다.

거의 모든 과학의 발전에 결정적인 역할을 했던 뉴턴은 "거인의 어깨 위에 올라 세상을 바라봤더니, 세상을 좀 더 넓게 그리고 더 멀리 바라볼 수 있었다"라고 얘기한 적이 있다. 이 얘기는 거의 모든 학계에서 학문연구 특히 논문작성에 하나의 전범으로 굳혀졌다. 간단히 말해, 거의 모든 학술논문은 선행연구에 대한 검토가 90%를 이루고, 여기에 자신의 창의적인 연구를 10% 정도 가미하는 것이 관행처럼 굳어진 것이다.

그러나 내 논문들은 선행연구에 관한 내용은 전체의 10% 정도에 불과하고, 그것마저 선행연구의 오류를 지적하는 내용이 주를 이루고, 나머지 90% 정도는 내가 연구하여 새롭게 구축한 이론을 설명하고 증명하는 내용으로 이뤄져 있다. 이런 사실은 학자의 금기 중 하나인 오만의 결정체인 것으로 기존 학계에서는 받아들일 수밖에 없었을 것이다. 소위 "니가 그렇게 잘났냐? 그럼 너 혼자 다 해 먹어라"라는 질타를 내가 받을 수밖에 없는 꼴이다.

둘째, 근대 경제학의 창시자인 아담 스미스가 경제학의 첫 단추를 잘못 꿰었다고 주장하고 있기 때문이다. 이미 앞에서 밝힌 바처럼, 이것은 교회에 가서 예수가 기독교의 첫 단추를 잘못 꿰었다고 주장하는 꼴이다. 근대 경제학의 아버지로 여겨지는 아담 스미스를 부정한 꼴이니, 어느 경제학자가 내 논문을 쉽게 받아들일 수 있겠는가? 이 문제는 좀 더 자세한 해명이 필요할 것 같다.

내 경제학 연구의 시발점은 이미 간단히 밝힌 바처럼 사회주의와 자본주의라는 이념을 과학적으로 해체하는 것으로부터 시작되었다. 그런데 사회주의와 자본주의의 정치적 및 학문적 대립은 20세기 전반을 지배했고, 이것이 경제학을 진화하지 못하도록 했다는 게 내 판단이다. 한마디로 사회주의와 자본주의를 과학적으로 해체하지 못하면 경제학의 진화가 불가능하다는 것이다.

사회주의와 자본주의의 과학적 기초는 각각 마르크스 경제학과 신고전파 경제학이므로, 이것들 모두를 과학적으로 해체하고 수습하여 새로운 패러다임을 구축해야 경제학은 비로소 진화가 가능해진다고 나는 판단했다. 이를 위해서는 경제학 발전의 역사를 거슬러 올라가, 무엇이 이념의 분화를 일으켰는지를 먼저 정확히 파악해야 했다. 그것이 과연 무엇일까?

아담 스미스는 시장가격에서 자연가격을 분리하였고, 시장가격은 결국 자연가격으로 귀착하며, 자연가격은 노동가치가 결정한다고 주장했다. 이것이 결국은 자본주의와 사회주의의 분화로 이어졌다.

그러나 자연가격은 절대적 차원의 존재로서 우리가 살아가는 세상에는 존재할 수 없으며, 차원이 다른 세상에 존재하는 것들은 어떤 경우에도 서로 조우할 수가 없다. 이것은 내 주장이 아니다. 차원이 다른 세상의 존재들은 서로 조우할 수 없다는 것은 아인슈타인의 상대성 이론의 과학적 기초이다.

무엇보다 심각한 것은, 내가 아인슈타인의 '차원'을 부정했다는 사실이다. 즉, 아인슈타인은 빛이 절대적 차원에 존재하는 것이고, 시간과 공간은 상대적 차원에 존재한다고 주장하는데, 이것이 틀렸다는 것이다. 만약 빛이 절대적 차원에 존재하는 것이라면, 우리가 사는 상대적 차원의 세상에서는 어떤 경우에도 왜곡이 발생해서는 안 된다.

그러나 빛은 물이나 유리를 통과할 때는 굴절이 일어난다. 프리즘을 통과할 때는 빛이 여러 색으로 분리되기도 한다. 이런 현상들은 엄연한 왜곡이다. 그뿐만 아니라, 절대적 차원에 존재한다는 빛은 상대적 차원에서 살아가는 우리가 느낄 수도 있고, 볼 수도 있다. 심지어 그 속도까지 측정할 수가 있다. 이런 사실은 빛이 절대적 차원에 존재하는 것이 아니라, 상대적 차원에 존재한다는 점을 여실히 증명한다.

반면에, 시간과 공간은 우리가 포착할 수도 없고, 느낄 수도 없으며, 어떤 영향도 줄 수가 없다. 따라서 시간과 공간은 절대적 차원에 존재한다고 봐야 한다. 간단히 말해, 시공간이 중력에 의해 왜곡될 수 있다는 현대 물리학의 해명은 틀렸다는 것이다. 빛이 목성을 통과할 때는 중력에 의해 시공간이 왜곡되는 것처럼 보이지만, 빛의 진행이 중력에 의해 왜곡됨으로써 시각적 착각을 일으키는 것일 뿐이라는 게 내 주장인 셈이다. 이처럼 물리학자도 아닌 내가 현대 물리학을 부정하고 있으니, 이것은 언어도단으로 보였을 것이 틀림없다.

셋째, 위의 주제들은 모두 하나같이 수백 쪽짜리의 책 한 권으로 다뤄도 부족할 정도로 광범위한 주제인데, 나는 20쪽 안팎의 논문 하나로 다뤘기 때문이다. 즉, 위 논문들의 내용이 너무 평이하게 보일 수밖에 없기 때문이라는 것이다. 실제로 경제학계에서 가장 권위가 있다는 미국경제학회의 기관지 중 하나는 내 논문이 평범한 에세이에 불과하다며 게재를 거절했다. 그 내용이 다른 어느 논문과도 다르게 창의적인 내용으로 가득하고, 경제학의 진화를 위해서는 필수적임에도 불구하고, 그 기관지의 편집자는 이것을 인정해주지 않았다. 사실 나는 첫째 주제인 이념의 해체에 관해 책을 한 권 펴낸 적이 있다(『사상과 경제학의 위기』, 1991년). 하지만 책 한 권으로도 그 주제를 다루기에는 충분치 않았다.

참고로, 위의 논문들은 지나치게 학술적인 것들로서 보통 사람은 굳이 읽을 필요가 없겠지만, 누구나 쉽게 읽을 수 있는 것 중에서 특히 주목할 만한 것으로는 두 가지를 꼽을 수 있다. 그 하나는 경제병리학 주제의 내 박사학위 논문을 일반인도 쉽게 읽기 편리하도록 소제목들과 내용을 약간 수정한 'Economic Pathology: A Research into its General Principle and Clinical Cases' 라는 책이다. 이 책에는 중요한 임상 사례까지 다양하게 싣고 있어서 경제위기를 이해하고 읽어내는 데 도움을 크게 줄 것이다.

다른 하나는 'Predicting Economics: K-Economics' 라는 책이다. 이 책은 영문으로 쓰여졌지만, 국내에서 출판이 진행 중이다. 영문으로 쓰인 이 책을 굳이 국내에서 출판하는 데는 특별한 이유가 있다. 간단히 말해, 노벨 경제학상 수상자가 우리나라에서 5명쯤 배출할 수 있을 것이라는 내 소망이 담겨 있다. 그리고 나는 이 책이 경제학의 발전에 크게 기여할 것으로 기대하고 있기도

하다. 실제로 이 책을 미리 읽어본 사람들의 평가는 비교적 호의적이다. 그중에서 몇 개만 소개하면 다음과 같다.

* 노벨경제학상을 수상한 경제학자들이 이 책을 읽는다면, 스스로 부끄러움을 느낄 것이 틀림없다. (유성엽 전 국회의원, 국회 교육문화위원장)

* 세상의 모든 경제학 교과서들이 이 책의 이론체계에 입각하여 새롭게 바뀌어야 할 것이다. (김성기, HSBC Vice President)

* 신뢰를 잃어가고 있는 경제학을 되살릴 책이다. (조동성 서울대 명예교수)

그밖에도 많은 분이 위 책 원고를 읽고 좋은 말씀을 해주셨다. 그분들께 심심한 감사의 말씀을 드린다.

경제학에는 왜
경제병리학이 없을까?

　과학은 '왜'라는 질문을 끊임없이 제기함으로써 새로운 원리를 도출할 기회를 잡을 수 있고, 그런 기회를 살려서 발전을 이룩하게 된다. 나 역시 경제학에서 끊임없이 '왜'라는 질문을 거듭해왔다. 경제위기나 금융위기에 대한 내 문제의식도 아래와 같이 마찬가지였다.

　경제학은 생물학의 생리학과 유사한 이론체계를 갖추고 있다. 이것은 모든 경제학파가 모두 마찬가지이다. 그런데 경제학에는 병리학이 없다. 이것은 참으로 이상하고 희한한 일이 아닐 수 없다. 경제학의 롤모델인 생물학에서는 생리학보다는 병리학이 훨씬 더 발전해 있기 때문이다. 생리학은 하나의 과목이지만, 병리학은 내과, 외과, 안과, 치과, 이비인후과, 피부과, 신경과, 정신과 등등 헤아리기도 어려울 정도로 여러 과목으로 그리고 아주 깊이 발전해 있다.

그런데 인체보다는 훨씬 그 기능이 뒤떨어지는 경제체를 대상으로 하는 경제학에는 병리학이 아직껏 수립되지 않았다. 이것은 불가사의한 일이 아닐 수 없다. 인체는 웬만한 병균은 퇴치할 수 있는 면역기능을 가지고 있지만, 경제체에는 그런 면역기능 혹은 충격흡수 기능이 없는 것이나 마찬가지이다. 인체는 병에 걸렸을 때는 두통이나 복통 등이 느껴지며, 체온과 혈압이 오르고 숨소리가 가빠지는 등의 증상이 나타남으로써 스스로 자각할 수 있는 기능을 갖추고 있다. 그러나 경제체에는 그런 기능이 아예 없다고 해도 지나친 말이 아니다. 거듭 강조하거니와, 경제학에 경제병리학이 없다는 것은 과학적 관점에서 봤을 때 희한하고 좀처럼 이해하기 어려운 일이 아닐 수 없다.

나는 위와 같은 문제의식을 바탕으로, 경제학계의 연구성과를 점검하고 또 점검해봤다. 그러나 경제학계의 연구업적들에서는 경제병리학이라는 용어조차 찾아볼 수가 없었다. 그래서 이것을 아주 좋은 연구소재라 여기고, 경제병리학의 연구에 들어갔다. 불행하게도, 본격적인 경제병리학의 선행연구는 전무한 상태라서 새롭게 그 길을 개척해야 했고, 오랜 세월을 보내야 했다.

　물론 경제학에는 경제병리학이 없지만, 일종의 경제병리적 현상인 경제위기라는 주제는 경제학계에서 다양하게 연구해놓은 실적들이 있다. 우리나라가 1998년에 겪었던 외환위기, 2008년 말에 터졌던 글로벌 금융위기, 그리고 주로 개발도상국들이 겪었던 외환위기와 재정위기 등등이 그것들이다. 그밖에도 경제위기의 각각의 사례에 대한 실증적인 연구들도 다양하며 그 깊이도 꽤 깊다. 1930년대의 대공황, 1980년대에 라틴아메리카를 휩쓸었던 외환위기, 그밖에 역사에 나타났던 여러 금융위기와 초인플레이션 등에 관한 연구는 헤아리기 어려울 정도로 많다. 그러나 이런 연구사례들은 개별적인 것들일 따름이었다. 종합적인 연구 즉 경제병리학에 대한 연구는 하나도 찾을 수가 없었다.

　경제학계가 이룩해놓은 위와 같은 연구업적들을 종합한다면 내가 경제병리학을 수립할 수도 있겠다는 판단을 하게 되었다. 만약 경제병리학을 수립할 수만 있다면 세상의 주목을 받을 수도 있겠다는 생각이 들기도 했다. 그래서 본격적으로 경제병리학을 연구하게 되었으며, 『경제병리학』이라는 책을 2009년에 발간하기도 했다. 그리고 한국경제학회 창립 60주년을 기념하여 개최한 논문발표회에서는 경제병리학에 관한 논문을 발표하였고 토론에도 임했다. 그랬음에도 불구하고, 한국경제학회는 어느 문건에도 내 경제병리학 논문을 게재하지 않았고, 세상의 주목도 받지 못했다. 참 안타까운 일이 아닐 수 없었다.

그래서 그때 발표했던 논문을 좀 더 심화시키고 임상 사례들도 좀 더 풍부하게 준비해서 내 박사학위 논문으로 삼았다. 그 결과로 내 나이가 70세인 2021년에야 겨우 박사학위를 취득할 수 있었다. 그거야 어떻든 위와 같은 연구과정에서 기존의 연구성과들을 다양하게 검토한 결과, 나는 다음과 같이 여러 가지를 배웠고 새로운 사실도 알게 되었다.

우선 모든 경제위기는 반드시 금융위기를 경유한다는 사실이다. 예외적인 사례는 좀처럼 찾을 수 없다. 그 이유는 경제변수 중에서 통화변수의 변동폭이 가장 크고, 이에 따라 그 영향력도 가장 강하기 때문이다. 통화는 신용을 창조하기도 하지만, 즉 일반적인 경우에는 신용창조의 경제원리가 작동하여 경제체 내의 통화량이 신용승수 배만큼 증가하기도 하지만, 특별한 경우에는 신용파괴의 경제원리가 작동하여 신용승수 배만큼 통화량을 줄이는 역할을 한다는 것이다. 이 문제는 뒤에 좀 더 자세히 살펴볼 것이다.

다음으로 금융위기에 관해서는 이미 독보적인 성과가 하나 있다는 사실을 알게 되었다. 그것은 찰스 킨들버거가 1978년에 발간한『광기, 패닉, 붕괴 - 금융위기의 역사Manias, Panics and Crashes』라는 책이다. 이 책은 거의 모든 금융위기가 광기와 공포와 붕괴의 단계를 거친다는 사실을 실증적인 연구를 통해 규명한 독보적인 것으로서, 금융위기에 관한 다른 학자들의 연구에서 1만 회이상 인용되었을 정도로 중요한 연구업적이다.

다만 이 책에서 아쉬운 점은, 왜 광기가 필연적으로 일어날 수밖에 없는가, 왜 광기는 필연적으로 공포를 부를 수밖에 없는가, 그리고 공포는 왜 필연적으로 붕괴를 초래할 수밖에 없는가 등에 대한 과학적 규명은 거의 이뤄지지 않았다는 사실이다. 그 결과, 금융위기가 어떻게 발생하여, 어떤 전개과정을 거쳐, 어느 때에 터지는가 등의 경제원리는 그 책이 밝혀내지 못하고 말았다.

만약 그 경제원리를 밝혀낼 수만 있다면, 경제위기를 발생시키는 원인을 찾을 수 있고, 그러면 경제위기가 진행하는 구체적인 전개과정을 포착해낼 수 있으며, 그 경제적 파장이 어떻게 나타날 것인가 등도 예측해낼 수도 있다고 나는 판단했다. 그래서 위와 같은 각각의 필연적인 이유들과 그 경제원리들을 찾아내기 위해 오랜 세월의 탐구에 들어갔다.

그 결과, 광기는 수요의 시간이동에 의해서, 공포는 수요의 시간이동에 따른 수요의 공동화에 의해서, 붕괴는 신용파괴원리의 작동에 의해서, 붕괴에 따른 경제재앙의 발생은 경제의 선순환 기능이 반대로 작동하여 경제의 역기능을 초래함으로써 일어난다는 경제원리를 찾아낼 수 있었다. 이 문제들과 그 경제원리들에 대해서는 곧이어 자세히 살펴볼 것이다.

위와 같은 연구성과를 바탕으로, 나는 여러 임상실험에 들어갔다. 다시 말해, 사회과학에서는 자연과학처럼 실험실의 실험이 불가능하므로, 역사상에서 벌어졌던 여러 경제위기와 경제재앙들에 대해 내가 발견한 경제병리학의 경제원리들을 적용하여 그 원리들이 현실에서도 과연 유효한가를 검증해봤던 것이다. 예를 들어, 경제질병의 대표적인 사례인 1930년대의 세계대공황, 일본경제의 초장기 경기부진, 여러 개발도상국이 간헐적으로 겪으며 심각한 경제난을 초래했던 외환위기, 가장 최근에 발생했던 2008년의 글로벌 금융위기, 그리고 경제병리적 현상 중에서도 최악으로 손꼽히는 초인플레이션 등을 집중적으로 연구하여 내가 개척하고 수립한 경제병리학의 이론적 및 현실적 유효성을 점검해봤다. 그런 뒤, 경제학에 경제병리학을 내가 새롭게 수립했다는 사실을 확인할 수 있었다.

당신도 경제위기를
예측해낼 수 있다

만약 당신이 지금부터 살펴볼 경제병리학의 일반적인 경제원리를 충분히 숙지한다면, 그리고 현실에 적용하여 임상수련을 어느 정도 거친다면, 당신도 얼마든지 어떤 원인으로 경제위기가 터지는지, 언제 경제위기가 닥칠지, 그것이 어떻게 전개될지, 그리고 그 결말이 어떻게 될지 등등을 대강이나마 진단해낼 수 있고, 어쩌면 예측까지도 해낼 수 있을 것이다. 만약 당신이 경제위기를 예측해낼 수 있다면, 어떤 일이 벌어질까?

만약 당신이 투자자라면, 최소한 꼭지에서 매수하여 바닥에서 매각함으로써 큰 손실을 입는 일을 예방할 수 있을 것이다. 좀 더 적극적으로는, 당신의 투자가 큰 이익을 남길 수도 있을 것이다. 만약 당신이 기업의 대표이거나 경영자라면, 경제위기의 발생으로 인한 기업의 경영위기를 성공적으로 극복할 수 있을 것이다. 좀 더 적극적으로는, 다른 경쟁기업보다 훨씬 더 뛰어난 경영성과를 거둠으로써 당신의 기업을 세계적인 기업으로 성장시킬 수 있을 것이다. 만약 당신이 국가경제의 경영에 참여하고 있는 정책당국자라면, 우리나라가 경제위기에 빠져 경제난을 겪는 일을 예방할 수 있을 것이다. 좀 더 적극적으로는, 우리나라의 경제적 성과가 다른 경쟁국을 압도하는 것은 물론이고, 경기호조를 지속시킴으로써 국민이 경제호황을 누리게 할 수도 있을 것이다.

4장

경제병리학의
일반원리

세상의 거의 모든 경제위기 즉 경제질병은 금융위기를 경유하여 일어나므로, 금융위기가 발병하는 원인은 무엇인지, 그 원인이 어떤 전개과정을 거쳐 사람들이 겪는 경제위기로 발전하는지, 그 결과로 어떤 경제재앙이 발생하는지, 정부는 어떤 정책처방을 해야 경제위기를 잠재우거나 완화시킬 수 있는지, 그리고 어떻게 해야 그 후유증과 부작용을 최소화할 최적의 정책수단을 찾을 수 있는지 등등을 알 수 있을 것이다. 지금부터는 경제병리학의 관점에서 위와 같은 점들을 차례로 살펴보기로 한다.

금융위기는 왜 반복적으로 발생하는가

금융위기에 관한 연구업적으로는 찰스 킨들버거의 『광기, 패닉, 붕괴 – 금융위기의 역사』가 기념비적이다. 경제학계가 그동안 이룩한 연구성과들을 거의 모두 섭렵했을 뿐만 아니라, 금융위기의 원인과 전개과정에 대해 일관성 있는 논지를 펼쳤고, 다른 어느 연구에 못지않은 해명력을 보여줬다. 로버트 알리버가 함께 보완한 이 책의 제5판은 2000년대 초까지의 사례를 담고 있어서 아주 유용하다. 이 책에 나타난 금융위기의 원인과 전개과정을 살펴가면서 경제병리학적 관점을 여기에 가미하는 게 앞으로 전개될 내용을 이해하기도 쉽고 편리할 것 같다. 내가 새롭게 구축한 K-경제학의 경제병리학은 이 저서의 영향과 도움을 크게 받기도 했다.

찰스 P. 킨들버거는, 그 책의 제목에 나타나 있듯이, 광기가 패닉을 부르고 결국은 붕괴하면서 금융위기로 발전한다고 주장한다. 먼저 간단히 설명하자면, 경기가 호황을 지속하면 열광적인 투자 분위기가 조성되고, 어느 날 갑자기 그 분위기가 싸늘하게 식으면서 공황상태가 나타나며, 이윽고 금융시장이 붕괴하는 일이 벌어진다는 것이다. 이 금융위기의 전개과정을 그의 논리전개에 따라 좀 더 자세하게 살펴보자.

"경기 확장국면에는 투자자들의 미래에 대한 낙관적인 태도가 증폭되고, 이들은 다양한 영역에서 투자에 대한 수익성 추정치를 상향 조정한다. 따라서 자금을 차입하려는 이들의 의욕은 커진다. 동시에 대여자들은 개별적 투자에 대한 위험 평가를 낮추고, 위험회피 성향도 줄어들어 자연히 돈을 빌려주려는 의욕이 증가하고, 이전에는 너무 위험하다고 판단했던 투자가 긍정적인 여신대상으로 바뀌는 경우도 생겨난다."[4] 이게 투기적 광기를 부추긴다는 것이다.

"투기적 광기는 경우에 따라서 전반적인 '비합리성' 즉, 군중심리를 동반한다. 군중심리나 히스테리는 종종 발생하는 합리적

---

[4] 찰스 P. 킨들버거 & 로버트 Z. 알리버, 『광기, 패닉, 붕괴』, 굿모닝북스, 2007, p.58.

행동으로부터의 일탈 현상으로서 엄연히 자리 잡고 있다."[5] 쉽게 말해, 너도나도 투기에 나섬으로써 가격을 상승시키고, 가격상승이 투기를 부추기며, 투기가 다시 가격의 폭등을 부른다는 것이다. 그리고 이런 투기열풍은 금융기관 대출을 빠르게 증가시키고, 투기열풍에 따른 가격의 급등은 금융기관으로 하여금 대출 위험도를 낮게 평가하게 하며, 결국은 투기적 광기로 발전한다는 것이다.

그럼 이런 비합리적 군중심리에 따른 투기적 광기는 언제 발생하고 어떻게 패닉으로 발전할까? "광기와 패닉의 역사에는 외생적 충격이 있을 때에 균형점 이탈 방향으로 작동하는 '거미집' 유형의 반응이 일어난 사례들이 즐비하다"라고 킨들버거와 알리버는 주장한다. 그럼 광기와 패닉을 일으키는 외생적 충격에는 어떤 것들이 있을까? 석유가격 급등, 평가절하, 전쟁, 정치적 변화, 규제완화 등이 그런 사례라고 그들은 주장한다.

진짜로 이런 외생변수가 투기적 광기와 패닉을 일으킨 근본적인 원인일까? 경제병리학적 관점에서 보면, 이 분석은 과학적 탐구를 포기한 것이나 다름없다. 내생변수에 의해서도 원인과 전

5　위의 책, p.83.

개과정을 해명할 수 있다면, 마땅히 그렇게 했어야 함에도 불구하고, 그들은 외생변수에 의탁함으로써 경제원리의 추적을 포기하고 말았다. 이 문제는 조금 뒤에 따져보기로 하고, 우선 그들의 논리를 좀 더 따라가 보자.

"최근에 발생한 주된 변위요인 즉 외생적 충격은 은행과 금융기관에 대한 규제완화였다"라고 그들은 주장한다.[6] 실제로 "라틴 아메리카의 많은 나라들은 금융시스템 규제완화를 추진했고 곧이어 은행의 신설과 신용의 급팽창과 물가상승이 뒤따랐으며, 그 후에는 일부 신설 은행의 파산이 나타났으므로 규제완화 과정의 몇몇 단계는 조심스럽게 전개돼야 한다는 것이 이들 나라에서 나타난 대혼란의 교훈"이며,[7] 일본에서도 "금융기관의 규제완화가 1980년대 후반의 자산가격 거품을 일으킨 주된 원인이었다"라는 게 그들의 주장이다.[8] 이게 사실일까? 경제병리학적 관점에서 보면, 이것은 진실과는 거리가 멀다.

그들은 "광기가 발생할 때는 항상 신용 팽창을 동반했으며, 지난 10여 년 동안의 신용 팽창은 거의 전부 은행과 금융 시스템

---

6   위의 책, p.107.
7   위의 책, p.99
8   위의 책, p.107.

을 경유해 벌어졌다"는 점을 강조했다.[9] 금융기관 발달과 신용 팽창이 광기 발생을 일으킨다는 이 주장 역시 진실과는 거리가 멀다. 금융기관 발달과 신용 팽창이 광기를 일으킨 게 아니라, 수요의 시간이동이 폭발적인 가격상승을 일으키는 근본 원인이라는 게 내가 추구하는 K-경제학의 관점이다. 이 문제는 장차 자세히 살펴볼 것이다.

킨들버거는 "광기와 붕괴가 신용공급의 불안정성에 기인한다는 생각은 오래 전부터 있었다"면서 앨빈 한센, 랄프 호트리, 아서 C. 피구 등의 분석을 소개했다.[10] 그리고 "1930년대 중반에 있었던 경제활동의 급격한 위축은 FRB가 수행한 통화정책의 오류 즉, 주로 1929년 8월에서 1933년 3월 사이의 통화공급 감축 때문"이라는 밀턴 프리드먼과 안나 슈워츠의 주장도 비중 있게 소개했다.[11] 간단히 말해, 프리드먼 등의 통화주의자는 대공황 때 FRB가 통화를 감축한 게 경기의 급속한 후퇴를 불렀다고 봤다는 것이다.

이에 대한 반론으로서 케인즈학파에 속하는 피터 테민의 주

---

9   위의 책, p.118.
10   위의 책, p.146.
11   위의 책, p.147.

장도 함께 소개했다. 테민은 "통화 감소로 인해 지출의 감소가 야기된 것인지 아니면 지출의 감소로 인해 통화공급의 감소가 야기된 것인지에 대해 의문을 제기하고, 1929년 붕괴 후의 제반 금리가 급격하게 하락했다는 점에서 지출 감소가 통화공급 감소에 앞서 발생했다"라고 봤다.[12] 한마디로, 통화 감축이 먼저 발생한 게 아니므로, 경기후퇴에 따른 지출 감소가 대공황의 원인이었다는 것이 테민의 주장이며 킨들버거도 이 주장에 부분적으로 동조했다.

아울러 자신의 견해를 다음과 같이 추가적으로 밝혔다. "테민의 분석은 통화주의적 시각에 대한 강력한 비판이기는 해도 대공황에 대한 설명을 제시하지는 못했으며 오히려 산업생산 감소는 신용 시스템의 불안정성으로 가장 잘 설명된다"라는 것이다.[13] 다시 말해, 테민이 주장한 바와 같은 지출 감소는 대공황을 초래한 결정적인 원인이 아니며, 신용기관의 불안정성이 금융위기를 불러온 결정적인 원인이라고 그는 분석했다. 그리고 금융위기의 원인과 전개과정에 대해 나름대로의 결론을 다음과 같이 내린다.

금융위기로 이어지는 일련의 사건을 하나의 표준적 모델로

12 　위의 책, pp.147-148.
13 　위의 책, p.149.

정리하자면, "어떤 충격이 경기 확장을 야기하고, 확장국면은 경기 호황으로 전환된다. 그러면 풍요감이 성숙해지고 확산된다. 이어서 자산가격의 상승이 멈추는 현상이 나타난다. 자산가격의 하락이 시작되면 불안 국면이 뒤따른다. 이 경우에는 패닉이 발생할 확률이 높고, 그러면 붕괴가 뒤따른다"라는 것이다.[14]

금융위기의 원인과 전개과정에 대한 킨들버거의 위와 같은 분석은 주목할 만한 가치가 충분하다. 아니 이 분야의 보기 드물게 훌륭한 업적이다. 금융위기의 전형적 단계인 '광기 → 패닉 → 붕괴'를 명백히 규명한 것만으로도 높이 평가할 가치가 충분하다.

하지만 그의 분석은 과학적이라고 말하기에는 어딘가 부족하다. 광기와 패닉이라는 용어부터가 이성적이라고 말하기는 어렵다. 오히려 그것들은 감성적인 용어이며, 이성에 기초해야 할 과학에는 어울리지 않는다. 그리고 광기와 패닉의 원인으로 제시한 것도 합리적이라고 말하기는 어렵다. 다분히 감성적인 용어의 나열일 따름이다. 경제병리학적 관점에서 보면 이런 감성적인 원인 분석에 입각한 정책처방은 사태를 더 악화시킬 수도 있고 경제의 안정적인 성장을 저해할 수도 있다.

---

14 위의 책, p.157.

금융위기가 발생하는
일반적 운동원리와 전개과정

　주류경제학은 경제주체의 합리적 행동을 전제로 성립했으므로 경제병리적 현상을 인정하지 않지만, 현실에서는 경제질병 혹은 경제위기가 간헐적으로 발생하고 있다. 세계에서 경제가 가장 안정적인 나라에 속하는 미국조차 여러 차례 금융위기를 겪었고, 매번 심각한 경제난을 겪었다. 유럽 각국도 미국이 금융위기를 겪던 때와 비슷한 시기에 경제난을 겪었다. 그중에서도 1970년대 중반부터 1980년대 초까지 지속됐던 영국의 금융위기와 1990년을 전후하여 핀란드와 스웨덴과 노르웨이와 영국 등이 겪었던 금융위기는 아주 심각했다. 중남미 국가들에서는 1980년대 초에 외환위기와 금융위기가 함께 발생하여 초인플레이션으로 발전함으로써 1990년대 초까지 여러 해 동안 혹독한 경제적

시련을 당했다. 동아시아의 여러 나라도 1997년부터 외환위기를 겪었다. 이런 사실은 주류경제학의 '합리적 행동 가설'과 '효율적 시장 가설'이 현실에서 얼마나 취약한가를 단적으로 증명한다.

물론 금융위기에 대한 국제사회의 경각심은 높이 살만하다. 대표적으로, 국제결제은행Bank for International Settlement은 1988년에 BASELⅠ 협약을 여러 나라와 체결하여 은행 등 금융회사가 일정한 자기자본 비율을 지키도록 권장하였다(은행의 자기자본 비율은 8% 이상). 이 협약이 발효된 뒤에도 금융위기가 곳곳에서 종종 발생하자 2004년에는 금융감독 기능을 강화한 BASEL Ⅱ 협약을, 그리고 2008년에 발생한 세계 금융위기가 점점 심각해지자 시장규율을 강화한 BASEL Ⅲ 협약을 체결해 2013년부터 단계적으로 시행하기로 합의했다. 금융규제 기준을 이처럼 계속 강화했다면, 금융위기는 이제 발생하지 않을까? 이미 두 번이나 협약을 갱신한 사실에서 알 수 있듯이, 이 협약에도 불구하고 금융위기는 예방해내지 못할 것으로 보인다. 금융위기가 발생하는 근본 원인을 외면했기 때문이다.

그럼 금융위기가 간헐적으로 계속 발생하는 근본원인은 무엇일까? 역사적으로 금융위기가 자주 터졌는데, 그것을 예방하거나 그 피해가 확산되는 것을 차단할 방법은 찾을 수 없는 것일까? 거의 모든 금융위기는 '광기 → 패닉 → 붕괴'의 과정을 거쳤으므로, 이것을 일으킨 필연적인 운동원리를 찾아내기만 하면, 그것이 얼마든지 가능하다고 해야 할 것이다.

그 운동원리는 과연 무엇일까? 결론부터 먼저 밝히자면, 광기는 수요의 시간이동에 의해 일어나고, 패닉은 수요의 시간이동에 따른 수요의 공동화에 의해 일어나며, 붕괴는 신용창조원리의 역과정인 신용파괴원리가 작동함으로써 일어나며, 금융위기가 경제적 파국으로 이어지는 것은 경제의 순기능이 역기능으로 돌변하기 때문이라는 것이 경제병리학의 관점이다. 지금부터는 이 문제를 차례로 자세히 살펴보자.

수요의 시간이동과
수요의 공동화

세상에는 주로 현재 소득에 의해 소비가 이뤄지는 재화도 존재하고, 과거부터 축적한 소득에 의해 소비가 주로 이뤄지는 재화도 존재하는데, 그중에서 후자가 금융위기의 발생에서 결정적인 역할을 하곤 한다. 이 문제는 경제병리학에 특히 중요하므로, 다음과 같이 자세히 살펴볼 필요가 있겠다.

비교적 장기간 축적한 소득으로 소비가 이뤄지고 경제적으로도 중요한 역할을 하는 대표적인 재화로는 부동산과 주식 등을 꼽을 수 있다. 이런 재화들의 가격은 짧은 기간에 빠른 속도로 상승하는 게 보통이다. 경기가 호조이거나 통화량이 늘어날 경우에 일반 재화는 가격이 상대적으로 신속하게 반응하여 약간의 시차를 두고 곧바로 상승하지만, 소득의 축적이 충분히 이뤄진 뒤에 거래가 활발해지는 부동산과 주식같은 재화는 그 가격이 상대적으로 더 지체하여 상승하는 경향을 보인다. 경기가 호조를 지속하여 소득이 비교적 장기간 증가해야 저축이 충분히 이뤄지고, 그래야 이 재화들의 수요는 비로소 본격적으로 일어나며, 이때에 이르러 가격이 상승하기 시작하기 때문이다. 여기에서 그친다면 심각한 문제를 일으키지 않지만, 뒤늦게 일어난 이 재화들의 가격상승이 상대적으로 훨씬 더 빠른 속도를 내면서 병리적 현상을 만들어낸다.

이해하기 쉽게 구체적인 사례 즉, 주택시장을 중심으로 살펴보자. 주택수요는 저축이 충분히 이뤄져야 일어나므로, 주택가격은 상당한 세월이 흘러야 비로소 상승하기 시작한다. 일반적으로는 그 주기가 10년 안팎이다. 10년 정도는 저축해야 집을 살 수 있는 능력이 생겨나기 때문이다. 우리나라의 경우, 주택투기 열풍은 1967년 전후, 1977년 전후, 1987년 전후, 1995년 전후, 2006년 전후, 2020년 전후 등이 그런 대표적인 사례이다.

주택 가격의 상승은 일반물가의 상승이 이미 일어난 다음에 뒤늦게 시작하는 만큼 짧은 기간에 집중되는 경향을 보인다. 이처럼 단기간에 가격이 급등하는 현상이 벌어지면, 2년이나 3년 더 저축해야 집을 살 능력이 생기는 사람들에게 강렬한 유혹을 일으킨다. 무리하게 많은 빚을 내서라도 집을 사려는 유혹이 그것이다. 가격이 폭등하고 나면 2~3년 더 저축하더라도 집을 살 수 없는 일이 벌어질 것처럼 보이기 때문이다.

이런 일이 실제로 벌어지면 어떤 상황이 전개될까? 많은 빚을 내서 집을 사는 것은 미래의 수요가 현재로 이동해오는 것을 의미한다. 미래에 나타나야 할 수요가 이처럼 현재로 이동해오면 부동산의 수요는 배가되고, 그 가격은 폭등한다. 부동산 투기열풍과 거품은 이렇게 일어난다.

이런 투기열풍과 거품은 언제까지나 유지될 수는 없다. 미래 수요가 현재로 이동해왔으므로, 미래의 어느 시점에 가면 수요가 이동해간 시기가 반드시 닥치고, 이 경우에는 수요의 공동화 현상이 나타나 가격은 장기간 정체하거나 급락한다. 더 먼 미래의 수요가 계속 이동해온다면 가격하락은 일어나지 않을 수도 있지만, 이것 역시 지속가능성은 없다. 현재 수요와 미래 수요가 합쳐지는 경우에 비로소 폭등한 가격이 유지되기 때문이다.

참고로 수요의 시간이동과 수요의 공동화 등의 용어는 내 연구의 결과물이다. 내가 최초로 그것들의 과학적 원리를 규명했고, 국제저널에 실린 내 논문에도 그 내용이 실려 있기 때문이다. 지난 대선 TV토론을 보면서 깜짝 놀라기도 했고, 반갑기도 한 상황이 있었다. 윤석열 후보가 TV토론에서 '수요의 시간이동'이라는 용어를 사용하면서 부동산 투기를 설명하는 것이었다.

가격 폭등이 더이상 지속하지 못하고 정체하거나 하락으로 전환하면, 현재 수요까지 미래로 이동하는 새로운 경향이 나타난다. 그러면 그 거품이 꺼지면서 가격은 폭락하곤 한다. 1990년대 초의 일본과 2008년 이후의 미국에서 이런 일이 실제로 벌어졌다. 2020년대 초의 한국경제는 두말할 나위도 없다. 그밖의 역사적 사례도 수없이 많다.

위와 같은 현상은 부동산에만 국한하여 일어나지 않는다. 주식시장에서도 흔히 일어난다. 주식시장과 부동산시장에서 동시에 그런 일이 벌어지기도 하며, 이 경우에는 더욱 심각한 금융위기가 발생하곤 한다. 킨들버거가 주장한 바처럼 광기와 패닉과 붕괴가 연쇄적으로 벌어지는 것이다. 그렇다면 그가 금융위기의 원인을 충분히 규명했다고 봐도 좋지 않을까? 그것으로는 충분치 않다는 것이 경제병리학의 판단이다.

광기와 거품과 붕괴가 연이어 일어났다면 그 원인이 어디에 있는가를 과학적으로 따지는 게 경제학의 책무이다. 한 마디로, 광기는 수요의 시간이동에 의해 일어난다고 규정해야 미래에 나타날 새로운 광기도 비로소 예측해낼 수가 있다. 그리고 수요의 시간이동이 광기를 일으킨다고 규정했을 때에 비로소 거품이 왜 생겨나 붕괴로 이어지는가를 과학적으로 규명할 수 있으며, 거품의 붕괴는 어떤 과정을 거쳐 일어나는가도 과학적으로 규명할 수가 있다. 그러나 킨들버거는 아래처럼 기술했을 뿐이다.

"일반적으로 광기 현상은 경기순환의 확장국면에서 나타났다. 이것은 부분적으로 광기에 동반하는 풍요로운 감정이 지출증대를 야기한다는 점에 기인한다. 광기 국면에서 부동산 가격이나 주가, 상품가격의 상승은 소비지출 및 투자지출의 증가에 기여하고, 이것은 다시 경제성장을 가속화한다. 경제예측가들은 영속적인 경제성장을 예측하고, 일부 과감한 분석가들은 시장경제의 경기순환이 사라졌다며 더이상 경기후퇴는 없다고 단언한다. 경제성장률의 상승에 힘입어 투자자들과 대여자들의 미래에 대한 낙관론이 확산되고, 자산가격은 더 빨리, 적어도 얼마 동안은 상승한다."[15]

---

15 찰스 P. 킨들버거 & 로버트 Z. 알리버, 『광기, 패닉, 붕괴』, 굿모닝북스, 2007, p.36.

이것은 현실에서 일어나는 일반적 현상이지만 경기순환의 확장국면에서 왜 가격상승이 자연스럽게 일어나지 않고 광기로 나타나는가에 대해서는 설득력 있는 언급을 그의 책에서는 찾을 수가 없다. 따라서 킨들버거의 위와 같은 언급은 과학적인 접근과 거리가 멀다고 하지 않을 수 없다.

붕괴에 대해서도 그는 "자산가격 상승에 이어서 하나의 사건이 터지는데, 정부 정책의 변화나 이제까지만 하더라도 성공적이라고 여겨지던 회사가 별다른 설명도 없이 파산하는 사건과 같은 일이 벌어지면서 자산가격은 상승 행진을 중단한다. 자산 매입을 대부분 차입금으로 조달했던 일군의 투자자들은 결국 대출금의 이자가 자산에서 나오는 투자 소득보다 커지게 되는 순간, 보유하고 있던 부동산이나 주식의 투매자로 돌변한다. 이들의 투매는 자산가격 급락을 초래하고, 패닉과 붕괴가 뒤따를 수도 있다"[16]라고 기술했다. 하지만 우연한 사건을 원인으로 내세우는 것은 과학적으로 옳지 않다.

패닉이 반복적으로 그리고 필연적으로 일어날 수밖에 없는 과학적 원리를 먼저 찾았어야 했지만, 그는 하이먼 P. 민스키

---

16 위의 책, p.37.

Hyman P. Minsky의 주장을 빌려 "경제가 둔화되면 이들이 매수한 자산가격의 상승률이 차입금의 금리보다 낮아지며, 그러면 이들 차입자 가운데 일부는 실망하게 되고 이들 중 다수는 투매자로 돌변한다"[17]라고 언급하며 경기둔화를 붕괴의 원인으로 제기했을 따름이다. 경기둔화가 왜 일어나는지, 이것이 자산가격의 붕괴와는 어떤 관계를 맺는지에 대한 과학적인 규명은 찾아보기 어렵다. 또한 경기둔화가 붕괴에 선행하는지 아니면 후행하는지에 대한 규명도 그의 책에는 없다.

재화들 사이에 나타나는 가격변동에 대한 반응의 민감성과 속도의 차이 그리고 수요의 시간이동과 공동화 문제는 다음과 같이 '신용파괴원리'의 작동을 파악함으로써 과학적으로 풀어낼 수 있다.

---

17 위의 책, p.59.

신용파괴원리의 작동

부동산이나 주식의 가격하락이 금융기관 붕괴위기로까지 발전하는 과정에 대해서는 수요의 시간이동과 공동화만으로 규명하기에는 역부족이다. 다른 경제원리가 하나 더 여기에 가세하는데, 신용창조원리의 역과정인 '신용파괴원리'의 작동이 그것이다. 이 신용파괴원리가 본격적으로 작동하면, 흔히 금융기관 붕괴위기로 발전하고, 뒤이어 심각한 경기침체가 모습을 드러낸다.

킨들버거도 "패닉이 절정에 달할 즈음에는 돈 구할 데가 없다는 말이 저절로 나온다"라고 밝히고, 그 원인으로 "자산가격이 하락하면 담보가치가 감소하므로 은행은 기존 대출을 회수하거나 신규 대출을 거부하고 이 과정이 악순환한다"라는 점을 제시했다.[18] 현실적으로도 신용경색이나 신용수축 등의 용어는 흔히 사용된다. MIT 경제학 교수였던 루디거 돈부시Rudiger Dornbusch는 '갑작스런 유동성 정지Liquidity Sudden Stop'라는 용어를 사용하기도 했다. 그럼 이런 용어들과 '신용파괴원리' 사이에는 어떤 차이가 있을까? 혹시 신용파괴원리가 이미 경제학계에 널리 알려진 것은 아닐까?

신용경색이나 신용수축이나 유동성 정지라는 용어는 과학적 원리에 입각한 것이 아니다. 현실에서 종종 나타나는 현상을 지칭한 용어일 따름이다. 물론 과학적 원리를 추구한 사례가 전혀 없는 것은 아니다. 예를 들어, 진 스마일리는 예금인출 사태가 발생할 경우에 "공황상태의 예금주들에게 지급할 현금을 확보하기 위해 수많은 은행들이 공개시장에서 증권을 매각한다면 증권 가격이 하락할 것이다. 이렇게 되면 은행들은 예금을 지급할 만큼의 충분한 자산을 보유하지 못하게 되고, 결국엔 파산할 것이다"[19]라고 그의 책 『세계 대공황』에서 밝혔다. 하지만 이런 분석 역시 역부족이다. 1997년 말에 우리나라에서 발생했던 외환위기처럼 은행자산 중에서 증권의 비중이 무시해도 좋을 정도인 경우에도 신용수축 현상이 벌어졌기 때문이다. 따라서 신용파괴원

18 위의 책, p.188.
19 진 스마일리, 『세계 대공황』, 지상사, 2008, p.61.

리로 접근하여 신용수축 현상을 해명하는 것이 훨씬 광범위한 설득력을 갖는다. 그럼 신용파괴원리는 어떻게 작동할까?

우리나라 외환위기의 전개과정은 금융위기가 어떻게 진행하는지를 보여준 전형적인 사례 중 하나이다. 지금부터는 우리나라 외환위기의 전개과정을 통해 금융위기의 일반적인 전개과정을 과학적으로 접근해보기로 하자. 참고로 외환위기는 금융위기를 동반하는 것이 일반적이다. 그래서 외환위기와 금융위기를 쌍둥이 위기라고 부르기도 한다. 지금부터는 이 쌍둥이 위기가 어떻게 진행하고 발전하는지 살펴보기로 하자. 즉 '한보 부도사태'의 발생이 신용파괴를 일으킴으로써 금융위기가 본격화했으며, 이 금융위기가 외환위기의 발생에 격발자의 역할을 했으므로, 이 문제를 통해 신용파괴원리가 어떻게 작동하는지 살펴보자는 것이다. 다음의 인용은 신용파괴원리를 쉽게 이해하게 해줄 것이다.

"작지만 견실한 제조업체를 경영하는 정 사장은 외환위기 때를 생각하면 지금도 아찔한 느낌이 들고 숨이 가빠지곤 한다. 회사를 설립한 직후를 빼고는 20여 년 동안 적자를 낸 적이 없고 회사채를 발행하지도 않았는데, 어느 날 갑자기 부도위기에 내몰렸다. 거래하던 업체가 하나둘 도산하면서 받아뒀던 당좌수표와 어음이 부도났고 개인적으로 빌려준 돈도 받을 길이 없었다. 반면에 은행에서 대출받은 돈은 제 때에 갚아야 했으며 회사를 유지하기 위해서도 임금과 원자재 대금을 반드시 지불해야 했다. 자신이 발행한 당좌수표 역시 어김없이 결제일이 다가왔다.

회사를 살리기 위해 백방으로 뛰어봤지만, 그 많던 돈이 어디로 갔는지 도대체 알 수가 없었다. 은행은 물론이고 제2금융권의 대출조차 기대하기 어려웠다. 그동안 한 번도 찾지 않았던 사채시장이라고 불리는 지하시장까지 기웃거렸으나 첫 거래라서인지 이 돈마저 구할 길이 없었다. 강남에 사둔 아파트를 매물로 내놓았으나 좀처럼 팔리지 않았다. 불과 2년 전만 하더라도 3억 원을 호가했으나 2억 원에 내놔도 팔리지 않았다. 1억5천만 원에 겨우 팔았지만, 자금은 턱없이 부족했다(그 8년 뒤인 2006년에는 그 집값이 10배 가까이 올랐다). 노후를 위해 사둔 경기도의 땅도 내놓았고, 나중에는 자식 명의로 사둔 강남 요지의 빌딩까지 팔아야 했다. 땅은 2년 전의 1/3 값으로, 강남 빌딩은 절반 값으로 겨우 처분했다. 그나마 여유자금을 예금해뒀던 친구에게 통사정을 해서 이렇게라도 팔 수 있었다.

왜 돈이 이처럼 바짝 말랐을까? 외환위기가 터지기 불과 1년 전만 하더라도 시중에는 돈이 넘쳐났다. 넘쳐나던 돈이 주식시장으로 흘러가 종합주가지수를 2년 동안에 500P대에서 900P대까지 끌어올렸고, 부동산시장 역시 투기 조짐까지 일어날 정도로 대체로 활황이었다. 그렇게 풍부했던 돈이 도대체 어디로 갔단

말인가? 정 사장은 최근까지도 그 이유를 알지 못했다."[20]

한 마디로 '돈은 신용창조를 하지만, 신용파괴도 한다'라는 사실을 그는 몰랐던 것이다. 신용창조원리의 역과정인 신용파괴원리를 현 경제학이 아직 완벽하게 외면하고 있으니, 이것은 당연한 일이었다. 하지만 금융기관이 신용창조를 한다면, 신용파괴도 당연히 일어난다고 봐야 한다. 1997년 초에 한보라는 재벌그룹이 파산지경에 이르자 실제로 신용의 파괴가 일어났다.

당시 경제상황은 한보 부도사태가 터질 수밖에 없었다. 경상수지가 1996년에 230억 달러의 적자를 기록했는데, 이것은 국내총생산의 4.7%에 이르는 규모로서 그만큼의 국내소득이 해외로 이전되는 효과를 나타냈다. 그리고 국내소득의 해외이전은 국내수요의 위축으로 나타났다. 자본수지는 흑자를 기록하여 그만큼의 해외소득이 국내에 이전되었지만, 경상수지 적자에 따른 국내소득의 해외이전 효과를 상쇄하지는 못했다. 외국자본의 도입은 간접적으로 소득을 증가시키지만, 경상수지 적자는 직접적으로 소득을 감소시키기 때문이었다. 뿐만 아니라 외국자본의 도입은 점점 어려워졌다. 그래서 국내경기는 1996년 하반기부터 빠르게

---

20 최용식, 『돈버는 경제학』, 랜덤하우스, 2008, pp.225-226.

후퇴를 시작했고, 기업 경영수지도 날이 갈수록 악화됐다. 결국 재무구조가 취약했던 한보가 먼저 부도를 당했다.

한보의 부도는 한 재벌의 붕괴로만 머물지 않았다. 한보 부도는 부실채권 약 6조6천억 원을 금융기관에 안겼으며, 이것은 금융기관에 대손충당금을 새로 쌓고 낮아진 자기자본비율도 다시 높이도록 압박했다. 이게 금융기관의 추가적인 대출과 투자를 어렵게 만들었다. 오히려 대출과 투자를 회수해야 하는 상황으로 이어졌다. 그 여파는 경제 전반에 걸쳐 극심한 자금경색을 초래했다. 금융기관의 추가 대출은 물론이고 회사채의 발행까지 어려워졌다. 이미 발행한 회사채와 기업어음은 만기가 돌아오고 있었으며, 경영수지가 좋지 않은 기업들은 결제할 수 없는 지경에 내몰렸다. 그러자 기업들은 사채시장私債市場으로 몰려갔고 금리가 폭등했다.

자금수요가 갑자기 커진 사채업자들은 은행 등의 금융기관에서 예금을 인출하여 자금을 조달했다. 실제로 1997년 말의 화폐 발행액은 긴축정책의 영향으로 0.7% 감소했는데, 현금통화와 예금통화의 합계인 통화는 11.4%나 감소했다. 이처럼 예금인출이 점점 많아지자 은행 등의 금융기관은 자기자본비율을 확충해야 했다. 이것이 다시 대출과 투자를 추가로 축소시키는 압력으로 작용하여 악순환을 일으켰다.

'신용파괴원리'가 이렇게 본격적으로 작동하면서 자금시장은 전반적으로 경색되었고 극심한 혼란을 야기했다. 보수적인 시중은행의 경우에도 일반대출 금리가 1996년 말의 11.1%에서 1997년 말에 15.3%로 급등했다. 심지어 회사채의 경우는 차환 발행까지 어려운 지경에 이르렀다. 그 결과로 중소기업은 3만여 개나 도산했으며 삼미, 대농, 진로, 해태, 나산, 한신, 기아 등의 재벌들까지 줄줄이 무너졌다. '신용파괴원리'란 '신용창조원리'가 반대로 작동하는 것을 뜻하므로 신용창조의 승수효과는 신용파괴 과정에서도 비슷한 위력을 발휘한다. 한보사태의 신용파괴 압력을 이론적으로 계산해 보면, 당시에는 화폐발행액에 대한 광의유동성의 신용승수가 약 30배였으므로 그 금액은 약 200조 원에 이른다(한보 부실채권 6.6조 원 × 신용승수 30배 = 200조 원). 이것은 광의유동성의 1/3 규모였다. 이 정도라면 금융공황이 전개되지 않을 수 없었다. 마치 우리 몸의 혈액 1/3이 빠져나가는 것과 같은 상태였다.

외환위기 직후에 공적자금을 160조 원이나 투입한 것은 이런 신용파괴를 막기 위한 불가피한 조치였다. 일부에서는 이를 두고 '공짜 자금'이라고 비아냥거렸지만, 이것은 외환위기를 극복하지 말자는 것이나 다름없다. 외환위기 같은 중병에 걸렸다면, 이것을 치료하기 위한 약값과 수술비를 지불해야 함은 당연한 일이었다.

경제의 역기능

왜 금융위기는 거의 항상 경제파국으로 이어지곤 할까? 지금부터는 이 문제를 경제병리학의 관점에서 풀어보도록 하자. 병원균이 침투했다고 항상 질병이 발생하는 것은 아니다. 면역체계가 병원균을 이겨내지 못하거나 생리기능의 일부가 무너졌을 때에 병이 난다. 경제도 마찬가지이다. 외부충격을 경제의 충격흡수력이 이겨내지 못하거나 경제의 순기능이 무너졌을 때 병리적 현상이 나타난다. 특히 외부충격이나 신용파괴원리가 경제의 순기능을 무너뜨렸을 때는 아주 심각한 경제파국을 맞는다. 그럼 경제적 순기능은 무엇이고, 이것이 무너졌을 때는 어떤 일이 벌어질까?

경제에서 일어나는 순기능은 다음 다섯 가지가 특히 중요하다. 분업, 거래, 국제교역, 규모의 경제, 신용창조 등이 그것이다. 분업이 이뤄지면 생산성이 향상되고, 거래와 국제교역이 활발해지면 분업을 촉진하고 생산규모와 시장을 확장하며, 생산규모가 커지고 시장이 확장되면 규모의 경제가 작동하여 생산성을 키우며, 신용창조는 운동에너지를 충분히 갖춘 통화를 창출함으로써 경제활동을 촉진한다.

만약 이런 순기능들이 외부충격이나 신용파괴로 억제당하면 경제는 위축된다. 그 순기능의 효과만큼 위축되는 것이 아니라, 악순환을 통해 그 몇 배나 더 큰 역효과를 나타낸다. 그래서 분업파괴, 거래훼손, 보호무역, 시장축소, 신용파괴 등은 흔히 경제질병을 일으킨다.

이런 악순환은 영원히 지속할까? 아니다! 우리 몸은 질병에 대해 면역력을 가지고 있고, 병을 이겨내면 스스로 회복력을 발휘하듯이, 경제도 마찬가지로 스스로 경제질병을 이겨내곤 한다. 사람은 중병에 걸리면 간혹 죽기도 하지만, 경제는 파국적 상황으로 치닫다가도 되살아나곤 한다. 심지어 대공황 때도 초기에는 극심한 경기후퇴를 겪었지만, 1935년부터 1936년까지는 경기가 상승국면으로 전환하기도 했다. 세계사적으로 다른 대부분의 경기후퇴 역시 머지않아 경기상승으로 전환하곤 했다. 이런 면에서는 경제가 인체보다 오히려 더 뛰어난지도 모르겠다.

경제란 경기가 후퇴할 경우에는 악순환하는 구조인데, 왜 위와 같이 반대 현상이 벌어질까? 논리적으로는 경기후퇴가 나타나면 악순환이 나타나는 것이 정상인데, 왜 현실경제에서는 경기후퇴가 경제적 파멸로 치닫지 않고 머지않아 다시 상승으로 전환할까? 그것은 생산과 소비가 반응하는 데에 시차가 존재하기 때문이다. 즉 경기후퇴가 어느 정도 지속되면 생산이 소비에 비해 더 빠르게 감소하고, 이에 따라 소비가 계속 감소함에도 불구하고 생산보다는 그 속도가 더 느린 것이 경기를 상승으로 반전시키는 데에 결정적인 역할을 한다. 소비가 생산에 비해 이처럼 상대적으로 더 많아지면 생산자 시장이 조성되고, 생산자 시장이 조성되면 기업의 이익은 커진다. 소비보다는 생산이 부족해져 재고가 쌓이는 일은 좀처럼 일어나지 않음으로써 그 비용을 줄일 수 있고, 소비자가 먼저 찾아옴으로써 판매비용이나 운송비용 등이 줄어들며, 그밖에 광고 등 판촉비용도 절약할 수 있다.

그럼 생산과 소비의 반응속도가 시차를 보이는 이유는 무엇일까? 이것은 자연적인 특성인데, 여기에는 과거 소득이 축적된 형태인 재산이 중요한 역할을 한다. 즉 사람이 생명을 유지하기 위해서는 재화의 소비가 필수적이고, 그래서 과거 소득으로 축적했던 재산을 팔아서라도 소비를 하는 것이다. 이에 따라 소비 감소가 공급 감소보다 더 느려지고, 이것이 경제를 회복시키는 혹은 동태적 균형을 회복시키는 동력으로 작동한다.

이런 의미에서도 금융위기는 다른 어느 경제질병보다 훨씬 더 위험하다. 금융위기는 과거 소득이 축적된 주식 등의 금융자산과 부동산 등의 실물자산의 가치를 크게 떨어뜨리기 때문이다. 소비를 위해 팔아야 할 재산의 가치가 그만큼 줄어드는 셈이다. 역사적으로 금융위기가 발생했을 때마다 파국적인 경기후퇴를 맞곤 했던 이유 중 가장 중요한 게 바로 이것이다. 특히 대공황 때에는 이런 일이 확연하게 벌어졌다. 주식시장 붕괴로 1차적인 금융위기가 발생함으로써 급격한 경기후퇴가 나타났을 뿐 아니라, 1930년대 초에는 은행 파산사태가 줄을 이음으로써 금융기관 붕괴위기가 발생했고 결국은 세계 대공황으로 발전했다. 경제병리학 연구가 금융위기에 집중되어야 할 이유는 바로 이것이다.

이런 금융위기마저 경기하강을 언제까지나 지속시키지는 않는다. 금융위기에 의해 경기침체가 지속되더라도, 언젠가는 생산보다 소비가 더 많아지는 생산자 시장이 조성됨으로써 경기반전을 일으키곤 한다. 그럼 대공황 때는 미국의 국내경기가 1935~36년 사이에 잠시 상승했다가 이후 다시 하강으로 돌아선 이유는 또 무엇일까? 여기에 가장 결정적인 역할을 한 것이 미국의 재정정책과 금융정책이었다. "1937년에 연방준비제도FRS는 새로 획득한 권력을 이용해, 여러 가지 기술적인 이유를 내세워 은행의 지급준비율을 올리기 시작했다. 동시에 루스벨트 정부는 예산의 균형을 맞추기 위해 공공사업 지출액을 서서히 줄이기 시작했다. 그 결과 새로운 불황이 찾아왔다."[21]

경제란 스스로 회복력을 보일 때도 위와 같이 경기를 후퇴시키는 경제정책이 펼쳐지면 다시 악순환으로 접어든다. 경제정책이란 경제질병을 이겨내기 위한 처방임에도 불구하고 이처럼 경제질병을 더 악화시키기도 한다. 경제병리학이 필요한 또 하나의 이유가 여기에 있다. 경제병리학이 자리를 잡으면, 경제를 치유하기는커녕 오히려 악순환시킬 정책의 선택만은 피할 수 있을 것이기 때문이다. 그리고 경제병리학의 임상경험을 축적시키면 경제정책의 부작용과 후유증을 최소화시킬 정책적 방안도 마련할 수 있을 것이다. 아울러 경제질병을 최소의 비용과 고통으로 이겨내는 길도 찾아질 수 있을 것이다.

질병은 어느 무엇보다 예방이 최선이고 초기 처방이 차선이

---

21 존 스틸 고든, 『부의 제국』, 황금가지, 2007, p.443.

다. 이미 질병이 상당히 진행한 다음에는 독한 약을 써야 하고 수술도 받아야 한다. 만만치 않은 치료비용을 지불해야 하며, 치료 과정에서 육체적으로나 정신적으로 심각한 고통을 당해야 한다. 질병을 완치했더라도 단기적으로는 상당한 기간 체력이 떨어지며, 장기적으로는 건강마저 크게 훼손당하는 경우도 종종 벌어진다. 따라서 질병을 예방하기 위해서는 건강을 유지하는 것이 필수이고, 평상시에 건강검진을 꼼꼼히 챙길 필요도 있다.

하지만 아무리 건강관리를 잘하고 예방을 위한 건강검진을 꼼꼼히 챙기더라도 간혹 병에 걸리기도 한다. 이것은 허약한 사람이나 건강한 사람이나 마찬가지이다. 고도로 발전한 의학마저 아직 질병을 완벽히 예방해낼 수준에는 이르지 못했다. 이미 잘 알려진 질병도 스스로 진화하며, 지금까지 전혀 알려지지 않았던 질병이 새롭게 나타나기도 한다. 따라서 질병의 치료 역시 사전 검진이나 예방에 못지않게 중요하다. 무엇보다, 질병은 초기에 발견하고 치료하는 것이 중요하다. 그리고 초기에 질병의 징후나 증상을 발견하기 위해서는 병리학적 임상경험이 필수이다.

이런 의미에서 경제질병이 파국적인 상황으로 발전해간 역사적 경험은 아주 소중한 인류의 유산이다. 경제질병이 최악의 상황으로 치닫는 과정에서 과연 어떤 정책처방이 실패와 성공을 갈랐는지를 꼼꼼히 챙겨둔다면 실패할 정책처방을 미리 차단할 수 있다. 그런 대표적인 사례로는 1930년대 세계 대공황, 1991년 이래 최근까지 지속된 일본의 초장기 부진, 1920년 전후의 독일과 1980년대의 중남미에서 벌어졌던 초인플레이션, 우리나라와 중남미 각국에서 간헐적으로 터졌던 외환위기 등을 들 수 있다. 이 문제는 곧 발간될 내 책 'Predicting Economics: K-Economics' 중에서 "Economic Pathology"의 임상사례로 자세히 다루고 있다.

참고로, 아래 그림은 'System Dynamics'라는 이론모델을 이용하여 그린 것으로, 금융위기가 발생하여 전개되고 결과로 이어지는 과정을 하나의 도표로 나타낸 것이다.

그림1 금융위기의 일반적인 진행과정

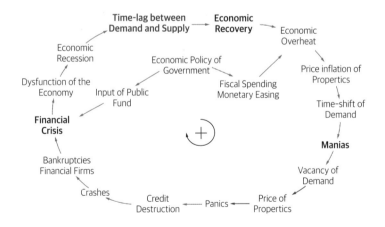

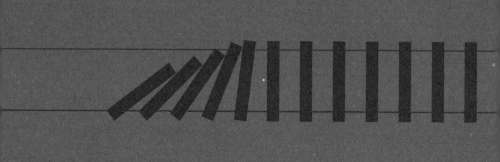

5장

경제예측을 위한
경제진단, 그리고 환율

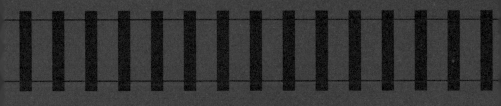

2022년 10월 4일, 『파이낸셜타임즈Financial Times』는 중국에서 금융위기가 터질 가능성이 커졌다는 기사를 띄웠다. 그러자 다른 언론들 역시 여러 경제전문가를 인용하여 그와 비슷한 보도를 쏟아내기 시작했다. 그중에서 특히 IMF는 10월 11일(현지시간) 발표한 「글로벌 금융 안정 보고서」에서 지속적인 인플레이션과 중국의 경기둔화, 러시아의 우크라이나 침공으로 인한 압박 등 세계경제에 '폭풍 구름'이 엄습하고 있다고 우려했다. 동시에 "최악은 아직 오지 않았다"며, 내년(2023년)의 세계경제 성장률 전망치를 2.9%에서 2.7%로 낮추었고, 내년에는 사람들이 경기침체를 느낄 것이라고도 했다.

진짜 그렇게 될까? 천만의 말씀이다. 좋은 의미가 아니라, 나쁜 의미로 그렇다는 것이다. 2022년 10월 중순 현재, 신용파괴원리가 물밑에서 작동을 시작한 것으로 보이기 때문이다. 조만간 중국이나 다른 어떤 나라에서든 비중 있는 금융기관 중 어느 하나가 부도사태에 직면하면, 신용파괴원리가 수면 위로 올라와 본격적으로 작동할 것이고, 금융위기가 제 모습을 뚜렷이 드러낼 것이다.

　그러면 그 나라는 물론이고 세계경제도 심각하게 침체될 것이다. 늦어도 2023년에는 대부분의 국가가 그리고 세계경제 전체로도 마이너스 성장률을 기록할 정도로 심각한 경기침체가 나타날 것이다. 중국 등 일부 주요 국가는 -5%대의 참혹한 성장률을 기록할 수도 있을 것이다. 이것이 경제병리학에 입각한 내 예측이다. 이런 내 예측은 최소한 아직까지는 틀려본 적이 없다. 이 문제는 이 책의 마지막 장에서 자세하게 다뤄질 것이다.

　위와 같은 내 예측을 이해하기 위해서는 경제병리학의 관점에서 2022년 세계경제가 처한 상황을 살펴볼 필요가 있다. 현재를 정확하게 파악해야 미래를 정확하게 예측하는 것도 가능하기 때문이다. 특히, 환율의 변동을 정확하게 이해해둘 필요가 있다. 현재까지는 세계적으로 환율의 변동폭이 가장 크므로, 이것이 향후의 세계경제의 전개방향에 지대한 영향을 끼칠 것이기 때문이다.

그럼 먼저, 세계적인 환율변동 특히 일본, 중국, 영국, 우리나라 등에서 환율의 급등을 초래한 미국의 강달러 정책에 대해 살펴보도록 하자. 미국의 강달러 정책은 2022년 올해는 물론이고 2023년의 세계경제에도 큰 영향을 끼칠 것이므로, 이 문제는 다음에 바로 자세히 살펴볼 것이다. 그 이후에는 환율을 결정하는 경제원리는 무엇이며, 환율은 어떤 경제원리가 환율을 변동시키는지를 살펴볼 필요가 있겠다. 이 문제를 정확하게 이해해두면, 독자 여러분들이 경제생활을 하는 데 큰 도움이 될 것이다. 이번 금융위기가 끝난 뒤, 세계 경제와 우리 경제가 회복된 뒤에도 마찬가지일 것이다.

미국은 왜 강달러 정책을 펼칠까?

지난 10월 9일, 미국 '월스트리트 저널'은 강달러가 미국 제조업체에 타격을 주고 있다고 보도했다. 10월 10일에는 미국 중앙은행FRB의 총재를 최근에 역임한 바 있고 2022년에 노벨경제학상을 공동으로 수상한 벤 버냉키도 강달러가 신흥시장에서 자본유출을 일으키고 있다고 지적하며, 그 부작용이 누적되면 미국경제도 심각한 상황에 직면할 수 있다고 경고했다. 미국의 JP모건의 대표는 직설적으로 미국경제가 6~9개월 내 경기침체에 빠질 수 있다고 경고했다.

참고로, 경기침체depression는 1년 이상에 걸쳐 마이너스 성장률을 기록할 때에 쓰는 용어이다. 경기후퇴recession는 2분기 이상에 걸쳐 마이너스 성장률을 기록할 때, 그리고 경기부진^{stagnation}은 1% 미만의 성장률을 기록할 때 쓰는 것이 일반적이다. 용어를 사용할 때는 이런 엄격한 기준이 필요하다.

미국의 강달러 정책은 우리나라를 비롯한 몇몇 나라에는 더욱 심각한 타격을 입히고 있다. 예를 들어, 강달러 정책은 우리나라의 환율을 급등시켰고, 주식시장과 부동산시장을 급락시켰으며, 일부 신흥국들의 경우에는 신용경색과 외환부족 사태를 촉발하기도 했다.

그럼 왜 미국은 강달러 정책을 계속하고 있을까? 심각한 물가 불안을 퇴치하기 위해 이자율을 지속적으로 상승시키고 있기 때문이라고 흔히들 얘기한다. 실제로 미국의 중앙은행인 연준^{Fed} 역시 물가상승률이 2%에 이를 때까지 기준금리를 계속 상승시킬 것이라는 입장을 견지하고 있다. 즉, 물가불안을 해소하기 위한 미국의 고금리 정책이 강달러를 유발하고 있다는 것이다.

과연 그럴까? 물가불안 때문만은 아니라는 것이 내 분석이다. 오히려 미국의 경상수지 적자가 지나치게 거대해져서 강달러 정책을 펼치지 않으면 달러의 약세를 피할 수 없고, 그러면 더욱 심각한 경제난을 겪어야 하므로, 미국은 강달러 정책을 펼칠 수밖에 없다는 것이다. 실제로 미국의 경상수지 적자는 이미 2020년에 6,161억 달러에 달했고, 2021년에는 8,216억 달러로 더욱 급증했다. 2021년의 실적은 미국 GDP의 3.6%에 달한다.

이것은 무엇을 의미할까? 그만큼의 달러가 외국으로 흘러나갔고, 이에 따라 해외 외환시장에서 달러의 공급이 그만큼 증가했고, 이에 따라 달러 가치는 더욱 떨어질 것이 뻔히 내다보였다는 것을 뜻한다. 만약 달러 가치가 실제로 떨어졌다면 어떤 일이 벌어질까? 달러 가치가 떨어지면 수입물가가 상승함으로써 물가불안은 더욱 심각해진다.

그뿐만이 아니다. 달러 가치가 지나치게 떨어지면, 환차손이 발생함으로써 외국 투자자는 미국에서 투자금을 회수할 것이고 국내투자자는 자금을 해외투자로 돌리게 된다. 그러면 미국경제는 심각한 신용경색에 빠져들지 않을 수 없다. 최악의 경우 달러가 국제적인 기축통화라는 기능을 잃는 사태가 일어날 수도 있다. 그러면 미국경제는 더욱 심각한 경제파국에 직면할 수 있다. 한마디로 미국의 고금리와 강달러 정책은 필수적인 선택이었던 셈이다.

다만 강달러 정책은 다른 나라에 심각한 타격을 입힌다는 것이 문제이다. 이것은 '내 이웃을 거지로 만드는 정책Beggar-My-Neighbor-Policy'의 전형인 셈이다. 현실적으로, 미국이 고금리 정책을 펼침에 따라 미국에 대한 투자가 더 많은 이익을 안겨줄 수 있게 됨에 따라 국제자본은 다른 나라들을 떠나 미국으로 몰려들었다. 이것은 다른 나라의 소득이 미국으로 이전되는 것을 뜻한다. 그래서 지금과 같은 어려운 시기에도 미국의 실업률은 낮은 것이다.

반면에 다른 나라들의 경제상황은 더욱 나빠질 수밖에 없다. 다른 나라들은 국제자본이 투자금을 빼감으로써 국내적으로 신용경색에 빠지지 않을 수 없고, 이것은 외환보유고를 감소시키고 외환부족을 초래함으로써 화폐가치가 떨어질 수밖에 없게 한다. 그래서 일부 신흥국들은 외환위기가 터지거나 그 가능성 때문에 심각한 난관에 이르고 있는 것이 현재의 국제경제적 상황이다.

그런데 내 이웃을 거지로 만드는 정책은 머지않아 부메랑이 되어 이 정책을 실행한 나라에 더 큰 타격을 입히는 것이 보통이다. 이런 사실은 역사적으로 이미 여러 차례 증명되었다. 대표적으로, 세계 대공황 때에 미국은 「스무트-홀리 관세법Smoot–Hawley Tariff Act」을 제정하여 관세를 대폭 올리는 등 보호무역주의를 강화했다. 그러자 다른 나라들도 이에 대응하여 보호무역주의를 더 강화할 수밖에 없었고, 결국은 국제무역이 급감하면서 세계경제는 처참했던 대공황에 빠져들고 말았다. 그 타격은 미국경제에 더욱 치명적이었으며, 경기침체 기간이 10년 이상으로 길어지는 등 최악의 결과를 빚었다. 앞으로도 마찬가지일 것이 틀림없다.

미국의 고금리 정책이 지금 당장은 자본수지를 흑자로 전환시켜 강달러를 유지해주는 것은 사실이다. 그리고 이것은 다른 나라의 소득을 미국으로 이전시켜 미국의 경기하강 압력을 줄이고, 실업률을 낮춘 것도 사실이다. 그렇지만 미국의 경상수지 적자는 장차 더욱 커질 것이 뻔하다. 다시 말해, 달러 가치가 상승함에 따라 미국경제의 국제경쟁력은 떨어질 수밖에 없고, 이것은 미국의 경상수지 적자를 더욱 키울 것이 뻔하다는 것이다.

그렇게 되면 언젠가는 미국 달러 가치는 한꺼번에 폭락할 수도 있다. 만약 미국의 달러 가치가 미래의 어느 시점에 한꺼번에 폭락하는 사태가 벌어지면, 거대한 환차손이 발생하여 미국에 투자된 해외자본은 물론이고 국내자본까지 미국을 떠나게 될 것이다. 그러면 미국의 소득이 해외로 이전되는 효과를 발휘할 것이고, 미국경제는 급속한 경기침체를 겪게 될 것이다. 그뿐만 아니라, 미국 달러는 국제기축통화의 지위를 잃을 수도 있는 위험한 지경에 몰릴 수도 있을 것이다.

내가 미국의 고금리 정책과 그에 따른 강달러가 '내 이웃을 거지로 만드는 정책'이라고 위와 같이 강력하게 비판하는 것은 그 정책의 수립이 너무 일방적이기 때문이다. 2008년 9월 14일에 리먼브라더스가 파산함에 따라 미국경제가 금융위기로 빠져들었을 때는, 그래서 다른 나라들도 심각한 경제난을 겪게 될 것이 뻔히 내다보였을 때는 미국은 이처럼 일방적인 정책을 펼치지 않았다.

당시에는 세계 20대 경제대국 즉, G20이 함께 모여 정상회담은 물론이고 재무장관과 중앙은행 총재의 연석회의까지 열면서, 참가한 모든 국가가 재정지출을 대폭 늘리고 본원통화도 크게 증가시킴으로써 신용파괴원리의 작동과 경제의 악순환을 더이상 진행하지 못하도록 막아냈다. 그래서 초기에는 대공황 때만큼이나 위험했던 세계적인 금융위기의 타격을 최소화시키고 경제난도 예상했던 것보다 훨씬 더 크게 완화시킬 수 있었다.

그러나 이번에는 달랐다. 미국은 일방적으로 고금리 정책과 강달러 정책을 펼치고 있으며, 다른 나라들도 기준금리를 올려서 화폐가치의 하락을 막을 수밖에 없는 상황으로 내몰고 있다. 만약 기준금리를 올리지 않으면 화폐가치의 하락을 막을 수 없고, 그러면 환차손이 발생할 수밖에 없다. 이 경우에는 국내에 투자된 외국자본은 물론이고 국내자본까지 해외로 이탈함으로써 심각한 신용경색 현상이 발생하여 금융위기가 터질 수밖에 없다. 그러면 기준금리를 올리는 것보다 더욱 빠른 경기침체가 일어날 수밖에 없다. 지금 우리나라 경제도 당연히 이런 위험한 지경에 빠져들고 있다.

끝으로, 국뽕은 포퓰리즘에 못지않게 위험하다는 점을 이번 기회에 지적해둬야 할 듯하다. 정치적인 국뽕이 얼마나 위험한지는 러시아의 우크라이나 침공으로 이미 충분히 증명되었다. 러시아의 국제적 지위는 여지없이 추락했고, 심각한 경제난까지 초래했다. 경제적인 국뽕 역시 정치적인 국뽕만큼이나 위험하다. 이 사실은 중국의 중국몽과 일대일로 등이 지금 여실히 증명하고 있다. 중국의 경제적 국뽕은 미국과의 경제적 및 정치적 마찰을 일으켰고, 이 마찰이 엄청나게 큰 타격을 중국경제에 입히고 있다.

미국의 국뽕 역시 마찬가지일 것이다. '강달러 정책'은 미국의 국뽕임에 틀림없기 때문이다. 그뿐만 아니라, 전기자동차에 대한 차별적 보조금 지급정책, 중국에 대한 고성능 반도체와 생산 설비 및 장비의 수출금지정책, 일방적인 미국 내의 반도체 산업 육성정책 등도 국뽕의 대표적 사례에 속한다. 이 모든 것은 한마디로 '내 이웃을 거지로 만드는 정책Beggar My Neighbor Policy'의 전형이다.

반복하거니와 '내 이웃을 거지로 만드는 정책'은 다른 나라에도 큰 피해를 주지만, 결국 자신에게는 더욱 큰 피해를 입혔던 것이 역사적 경험이다. 세계 대공황 당시에 미국이 국내 고용의 보호를 외치며 「스무트-홀리 관세법」을 통과시킴으로써 보호무역을 강화했던 사례가 어떤 결과를 빚었는지를 미국은 지금이라도 다시 뒤돌아보는 것이 좋을 것이다.

경제파국으로 치닫는 금융위기

잘 모르면 환율에 관해서는
함부로 얘기하지 마라

경제학은 경제현상을 읽어내기 위한 수단이다. 바꿔 말해, 경제현상을 읽어내는 것이 경제학의 궁극적인 목적이라는 것이다. 실제로 경제의 과학적 운동원리를 제대로 알면 제법 많은 경제현상을 비교적 쉽게 읽어낼 수 있다. 하지만 경제이론으로 경제현상을 정확히 읽어내는 일은 여간 어렵지가 않다. 수많은 변수가 상호작용하여 만들어내는 것이 경제현상인데, 수많은 변수를 모두 포괄한 경제이론을 구축하는 일은 아직 요원하기 때문이다. 설령 경제학이 진화해 거의 모든 경제변수를 포괄하더라도 경제학을 통해 경제를 읽어내는 일은 여전히 지난할 것이다. 모든 변수를 포괄한 경제이론은 그만큼 복잡해질 것이고, 복잡해진 이론을 현실에 적용하는 것은 쉽지 않을 것이기 때문이다.

경제현상은 자연의 섭리 혹은 신의 섭리가 만들어낸 것이지만, 경제학은 인간이 만들어낸 것이므로 불완전할 수밖에 없고, 불완전한 경제학으로 경제현상을 우리가 만족할 만큼 읽어내는 것은 쉽지 않다. 내가 반백 년에 걸쳐 완성한 'K-경제학'도 예외가 아니다. 그 이론구조가 현 경제학보다 훨씬 복잡하고 다차원적이어서 더욱 그렇다. 다차원적인 운동원리를 이해하는 것도 어려운 일이지만 그것을 동원하여 경제현상을 읽어내는 것은 더 어렵다. 그러므로 경제이론만으로 경제현상을 읽어내겠다는 것은 만용일지도 모른다. 세상사가 모두 그렇듯이, 만용은 바람직하지 못한 결과를 낳곤 한다.

그럼 경제학은 경제를 읽어내는 데 불필요할까? 아니다. 경제를 읽어내는 과정에서는 경제학이 필수적인 역할을 한다. 경제의 과학적 운동원리를 정확히 이해할 때에 비로소 경제현상의 전개 과정을 비교적 정확히 파악할 수 있다. 경제를 읽어내는 것이 먼저이고, 경제를 읽어내는 과정에서 오류가 발생하지 않도록 하는게 경제학의 역할이라는 것이 경험에서 우러나온 내 판단이다. 이것은 경제를 읽어내는 방법을 경제이론과는 별도로 강구해야 한다는 의미인데, 그 방법이 과연 무엇일까? 이것은 다음과 같이 의외로 쉽다.

경제파국으로 치닫는 금융위기

만약 경제현실에 어떤 중대한 변화가 나타났다면, 그것이 어떤 상태이고 장차 어디로 흘러갈지를 어떻게 가늠할 수 있을까? 중대한 변화가 나타났다는 것은 그 이전에 어떤 경제변수의 중대한 변동이 먼저 일어났다는 것을 뜻한다. 그리고 어떤 경제변수가 눈에 띄게 변동했다면, 이것이 원인으로 작용하여 경제현상의 중대한 변화를 일으킨 것으로 간주할 수 있다. 이렇게 경제변화가 나타난 원인을 파악하고, 그 원인이 어떤 전개과정을 거쳐 현재에 이르렀는지를 잘 살피면, 그 경제현상의 향후 추이를 가늠할 수 있다.

그 경제현상의 원인으로 작용한 중대한 경제변수는 또 어떻게 찾아낼 수 있을까? 이것 역시 비교적 쉽다. 기본적인 경제지표들을 꼼꼼히 평소에 꾸준히 점검하면, 어느 것인가는 반드시 중대한 변화를 먼저 보이기 때문이다. 그리고 그 경제지표의 중대한 변화를 일으킨 경제적 사실fact이 무엇인지를 찾아내기만 하면 그 원인은 금방 찾아질 수 있다. 이리하여 원인이 찾아졌다면 그 전개과정을 추적해낼 수 있고, 전개과정을 추적해냈다면 현재의 경제상황을 비교적 정확히 진단해낼 수 있다. 그렇게 하여 현재의 상황을 정확히 진단해낸다면, 그것이 장차 어떻게 변동해갈지도 어느 정도는 가늠할 수가 있다.

그런데 원인을 정확히 파악했다고 해서 전개과정을 올바르게 읽어낸다는 보장은 어디에도 없다. 또한 전개과정을 올바르게 진단해냈다고 해서 그 경제현상이 향후에 어떤 방향으로 발전할지를 예측할 수 있다는 보장 역시 어디에도 없다. 그럼 어찌해야 정확한 진단과 예측이 가능해질까? 과학적 운동원리의 도움을 받으면 그게 가능하다. 어떤 원인이 어떤 전개과정을 거쳤는지 정확히 읽어내고 현재의 상황이 향후에 어떤 방향으로 발전할지 추정하는 데는 경제의 운동원리에 대한 이해가 이처럼 필수적이다.

경제의 과학적 운동원리를 충분히 이해하지 못한 가운데, 전개과정과 향후 발전방향을 추정하면 엉뚱한 진단이나 판단오류를 빚는 경우가 왕왕 벌어진다. 2008년에 발생한 세계 금융위기의 원인에 대한 경제학계 혹은 경제전문가 사회의 분석은 과학적인 운동원리의 뒷받침을 받지 못한 대표적인 사례로서 전형적인 오진에 해당한다. 이 문제도 지나치게 전문적인 것이므로 이쯤에서 마무리한다.

결론적으로, 원인과 전개과정을 추적하여 경제를 읽어내는 과정에서 경제학 이론을 적용하는 방법이 훨씬 실용적이고, 그 결과 또한 훨씬 정확해질 수가 있다. 그럼 우리나라의 환율변동은 어떻게 정확하게 읽어낼 수 있을까? 다시 말해, 환율은 어떻게 결정되고 그 변동은 어떻게 일어나며, 주로 어떤 변수의 영향을 받을까? 지금부터는 이 문제를 풀어보도록 하자. 그리고 환율이 현실경제에서는 어떤 역할을 하는지도 함께 살펴보도록 하자. 환율은 국내경기의 변동을 좌지우지하는 것은 물론이고, 국가경제의 호조 및 부진과 그 명운에까지 중대한 영향을 끼치므로 아래와 같이 자세하게 살펴볼 필요가 있다.

환율변동과 국제수지

수출이 상대적으로 더 많이 늘어나면 외환의 유입이 더 많아지고, 외환의 유입이 더 많아지면 외환의 가치가 떨어져 그 나라의 화폐가치가 상승하며, 화폐가치가 상승하면 국제경쟁력을 떨어뜨린다. 국제경쟁력이 떨어지면 수입이 더 많이 늘어남으로써 경상수지는 악화된다. 경상수지 악화가 심화되면 외환보유고가 줄어들어 외환위기를 부르기도 한다. 결국은 환율이 다시 상승할 수밖에 없고, 그러면 국제경쟁력은 다시 향상된다. 시계열 상에서 벌어지는 이런 환율의 변동이 국제교역의 균형자 역할을 한다.

하지만 현실을 살펴보면, 경상수지가 지속적으로 흑자를 기록하는 나라들도 있는 반면에 경상수지가 만성적으로 적자를 기록하는 나라들도 있다. 그 이유는 또 무엇일까? 이것은 속도의 문제이다. 화폐가치의 상승에 따른 국제경쟁력 약화를 이겨낼 정도로 생산성 향상이나 기술발달의 속도가 빠를 경우는 경상수지가 지속적으로 흑자를 기록하고, 화폐가치의 하락에 따른 국제경쟁력의 상승이 힘을 발휘하기 어려울 정도로 생산성 향상이나 기술발달의 속도가 다른 나라와 비교해 뒤처질 경우에는 경상수지가 만성적으로 적자를 기록한다. 따라서 화폐가치의 상승을 이겨낼 수 있을 정도로 생산성 향상의 속도를 빠르게 유지하는 것이 경상수지가 흑자를 지속하게 하는 방법이다.

만약 지속적 흑자국의 경우 화폐가치 상승이 국제경쟁력의 향상속도와 균형을 이루면, 그리고 만성적 적자국의 경우는 화폐가치 하락이 국제경쟁력의 저하 속도와 균형을 이루면, 경상수지는 균형을 이룬다. 다만 생산시설의 확충에는 시간이 필요하므로 경상수지의 균형화 과정에는 비교적 긴 세월이 소요된다. 실제로 1985년에 플라자 합의가 이뤄짐에 따라 달러에 대한 엔화의 가치는 불과 2년여 사이에 두 배 수준으로 상승했지만, 미국과 일본의 경상수지 불균형은 해소되지 못했다.

환율은 위와 같이 국제교역의 균형자 역할을 하는 이외에 더 중요한 경제적 역할도 한다. 간단히 말해, 환율은 국내경기를 상승시키기도 하고 하강시키기도 한다. 이 문제는 바로 뒤에 자세히 살펴볼 것이다. 그리고 환율변동을 정책적으로 지나치게 억압하면 경제파국을 초래하기도 한다는 것이 세계사의 경험이기도 하다. 일본이 초장기 경기부진을 겪고 있는 것이나 우리나라가 1998년에 겪었던 외환위기는 그런 대표적인 사례에 속한다.

환율정책은 이처럼 경제를 번영시키기도 하고 쇠락시키기도 한다. 그럼 어찌해야 환율정책을 성공으로 이끌 수 있을까? 환율변동의 과학적 구조를 정확히 이해하면 그게 가능하다. 그 이해는 정책당국뿐만 아니라 개인이나 기업에도 중요하다. 그 과학적 구조를 정확히 이해해야 환율이 어떻게 변동하고 국내경기는 어디로 흘러갈지 가늠할 수 있으며, 이 경우에 비로소 개인과 기업의 경제활동은 성공할 수 있는 조건이 하나 주어진다. 환율변동의 운동원리를 이해하는 일은 그만큼 중요하다. 환율변동은 국가경제에 그만큼 큰 영향을 끼치기 때문이다. 환율변동의 경제원리를 자세히 살펴보기 전에, 환율변동이 국가적으로 얼마나 중요한 역할을 하는지 먼저 살펴보자.

6장

왜 환율인가

사람은 보이지 않거나 만질 수 없는 것은 아무리 중요해도 간과하는 경향이 있다. 마찬가지로 환율과 이해관계가 크지 않은 사람이 환율에 관심을 갖는 것은 기대하기 어렵다. 자신의 생활과 직접적인 관계가 적은 문제에 관심을 갖는 사람이 얼마나 많겠는가. 환율처럼 보통 사람은 좀처럼 이해하기 어려운 문제라면 더욱 그렇다. 하지만 환율은 국가경제의 명운을 좌우할 정도로 중요한 문제이며, 기업의 경영성과와 가계의 경제적 성쇠를 가를 정도로 중요하다. 도대체 환율이 국가경제에서 어떤 역할을 하기에 이처럼 중요할까? 2008년 우리나라에서 벌어졌던 일을 중심으로 이 문제를 살펴보자.

환율이 국내경기의
향방을 갈랐다

2008년 2월, 이명박 정권은 '성장률 7%, 국민소득 4만 달러, 세계 7대 경제대국'이라는 꿈같은 공약을 내세워 출범했고, 경제를 살리는 데에 올인하겠다고 선언했다. 당연히 그 첫걸음은 성장률을 높이는 일이었다. 성장률을 높이기 위해서는 수출을 늘려야 하고, 수출을 늘리기 위해서는 환율을 끌어올려야한다고 이명박 정권은 믿었다. 그래서 정책당국이 외환시장에서 달러를 거둬들여 환율을 상승시켰다. 구체적으로 얼마나 거둬들였을까?

이명박 정권이 출범하던 2008년 2월의 국제수지를 보면, 경상수지가 약 24억 달러의 적자를 기록했고 자본수지도 4억 달러의 적자를 기록했다. 3월에는 경상수지가 약 1억 달러의 적자를 기록했고 자본수지는 약 4억 달러의 흑자를 기록했다. 2월과 3월의 종합수지(경상수지+자본수지)는 약 25억 달러의 적자를 기록한 셈이다. 참고로 매년 초에는 국제수지가 악화되는 게 일반적이다. 그렇다면 외환보유고는 그만큼 줄어드는 게 순리지만, 외환보유고는 1월 2,619억 달러에서 3월에 2,642억 달러로 오히려 23억 달러 늘었다. 그 액수만큼 즉, 국제수지 적자액 25억 달러와 외환보유고 증가액 23억 달러를 합한 48억 달러가 외환시장에서 빠져나갔던 셈이다(외환보유고 수익은 고려하지 않았다).

그 결과로 1월 말 937원이던 달러 환율이 3월 말에는 992원을 기록하며 두 달 사이에 5.9% 상승했다. 만약 이 추세가 지속되면 연간 상승률은 40%를 훌쩍 넘어설 정도로 달러 가치가 짧은 기간에 빠르게 상승한 셈이었다. 다른 경제변수와 마찬가지로 환율 역시 가격 카오스원리의 작동에 따라 관성을 갖기 마련이어서 이런 상승추세는 흔히 상당 기간 지속되곤 한다. 실제로 달러 환율은 아래 그래프에서 보듯이 5월 말에 1천 원을 돌파했고, 9월에는 1,100원까지 돌파했으며, 그 뒤로도 줄기차게 상승했다.

그 덕분에 수출은 비록 일시적이지만 증가했다. 1월에 15%였던 수출증가율이 2월과 3월에는 각각 18%로 상승했고, 4월부터는 20%를 넘겼으며, 7월에는 35%를 훌쩍 넘어서기도 했다. 수출

그림2 2000년대의 환율추이

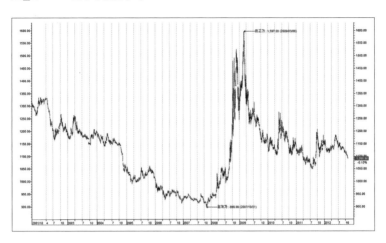

자료: 한국은행 통계시스템 2012년 12월

업체는 이익을 더 많이 남길 수 있게 됐으므로 더 열심히 수출했던 셈이다. 물론 국내경기가 부진해져 기업들이 수출에 매진했던 것도 한 원인이었다.

그 결과는 어떻게 나타났을까? 수출이 크게 증가했으므로 경기는 살아나야 마땅했고, 성장률은 이명박 정권이 공약한 것처럼 7%대로 올라가는 게 당연해 보였다. 1990년대까지는 수출증가율이 10%만 넘어도 성장률은 8%를 넘었던 것이 역사적 경험이었기 때문이다.

2008년의 월평균 환율(원/달러) 및 수출증가율(%) 추이

구분	1월	2월	3월	4월	5월	6월	7월	8월	9월
환율	942.4	944.7	979.9	986.7	1,036.70	1,029.30	1,019.10	1,041.50	1,130.40
수출증가율	14.9	18.9	18.4	26.4	26.9	16.4	35.6	18.1	27.7

자료: 조사통계월보 2009년 1월호, 한국은행

과연 경기가 살아났을까? 아니다. 경기는 오히려 하강으로 돌아섰다. 이명박 정권이 출범하기 직전인 2007년 4/4분기의 성장률(연률)은 6.8%였는데, 2008년 1/4분기에 3.9%로 떨어졌고, 2/4분기에는 1.4%로 더 떨어졌다. 당시는 세계경제가 전반적으로 나빴던 것도 아니다. 미국은 서브프라임모기지 사태가 점점 심각해지고는 있었지만 2008년 상반기의 성장률은 전년도 4/4분기보다 더 높았다. 일본이나 유럽도 2008년 초반까지는 성장률이 플러스를 기록했다. 무엇보다, 우리나라 수출이 크게 증가했다는 사실은 해외경제 여건이 국내경기에 끼친 영향은 제한적이었다는 것을 보여준다.

불행하게도 국내경기의 하강은 거기에서 멈추지 않았다. 3/4분기에는 성장률이 0.7%로 떨어졌고, 4/4분기에는 바닥을 알 수 없을 정도로 추락하여 무려 -17.3%를 기록했다. 만약 이 추세가 1년 동안 지속됐더라면 국내총생산의 1/6 이상이 한 해에 사라질 판이었다. 외환위기같은 경제파국이 닥쳤을 경우에나 일어날 법한 급속한 경기하강이 이때 발생했다.

2007년~2008년의 분기별 전기대비 성장률(연률, %) 추이

구분	2007 2/4	2007 3/4	2007 4/4	2008 1/4	2008 2/4	2008 3/4	2008 4/4
성장률	5.9	4.7	6.8	3.9	1.4	0.7	-17.3

자료: 국민계정 2007년과 2008년(연률 환산), 한국은행

그럼 무엇이 국내경기를 이처럼 빠르게 하강시켰을까? 국내 경제전문가들은 흔히 세계 금융위기를 원인으로 꼽지만, 이것은 틀렸다. 세계 금융위기가 본격적으로 진행한 것은 2008년 4/4분기부터인데, 국내경기는 이미 2008년 1/4분기부터 줄기차게 하강했기 때문이다. 뒤에 나타난 변수가 원인으로 작용할 수는 없다. 세계 금융위기는 미국의 투자은행 리먼브라더스가 2008년 9월14일에 파산신청을 함으로써 본격적으로 심각해졌다. 그렇다면 국내경기는 2008년 4/4분기 이후부터 하강했었어야 했지만, 그보다 훨씬 전부터 하강했다. 따라서 국내경기를 하강시킨 근본 원인은 다른 데 있었다고 보는 것이 옳다.

더욱이 세계 금융위기가 국내경기에 영향을 끼치는 주요 경

로는 수출인데, 특히 원화로 환산한 수출이 국내경기에 직접적인 영향을 끼치는데, 국내경기가 추락하던 때의 원화 수출은 오히려 크게 증가했다. 성장률이 1.4%로 떨어졌던 2008년 2/4분기의 원화 수출의 증가율은 35%에 달했고, 성장률이 0.7%를 기록했던 3/4분기에는 원화 수출의 증가율이 45%에 달했다. 성장률이 -17.3%를 기록했던 4/4분기조차 원화 수출은 33%나 증가했다.

수출이 이처럼 크게 증가했다면 경기는 빠르게 상승할 것처럼 보이는데, 왜 국내경기는 오히려 줄기차게 하강했을까? 경기를 하강시키는 다른 변수의 힘이 훨씬 강력하게 작용하지 않으면 이런 일은 벌어질 수 없다. 그럼 무엇이 경기를 강력하게 하강시키는 힘으로 작용했을까? 이 문제는 잠시 뒤에 따지도록 하고, 당시 경제상황의 진행을 좀 더 살펴보자.

원화수출 증가율(전년동기대비)과 성장률(전기대비, 연률) 추이

구분	08 1/4	08 2/4	08 3/4	08 4/4	09 1/4	09 2/4	09 3/4	09 4/4
수출	19.6	34.9	45.4	33.1	10.9	0.5	-3.1	-3.9
성장률	3.9	1.4	0.7	-17.3	0.4	10.4	14.5	0.7

자료: 국민계정 2008년과 2009년(연률 환산) 및 조사통계월보 각호, 한국은행

상식적으로 이해하기 어려운 일은 그 뒤에도 벌어졌다. 원화 수출의 증가율이 0.5%로 뚝 떨어졌던 2009년 2/4분기에는 성장

률이 오히려 크게 상승하여 10.4%에 달했고, 원화 수출의 증가율이 −3.1%를 기록했던 3/4분기에는 성장률이 무려 14.5%를 기록했다. 이런 사실은 글로벌 금융위기가 국내경기에 끼친 영향은 거의 없었다는 점을 여실히 증명한다. 한마디로, 국내경기의 하강은 물론이고 상승조차 수출 혹은 해외경제 여건과는 전혀 상관이 없었던 것이다. 그 이유는 내수의 비중이 수출의 비중보다는 훨씬 크기 때문이다. 이 문제는 아주 중요하므로 바로 뒤에 별도로 살펴볼 것이다.

우선, 2009년에 들어선 뒤 국내경기가 갑자기 상승으로 돌아선 원인부터 따져보자. 그게 과연 무엇이었을까? 대부분의 경제전문가는 재정지출을 늘린 정책이 경기를 상승시켰다고 분석했지만, 이것 역시 틀렸다. 만약 재정지출 확대가 경기를 상승시켰다면 2008년 하반기의 경기하강은 일어나지 않았어야 했다. 재정지출 증가율은 2008년 3/4분기에 23% 그리고 4/4분기에는 16%를 기록함으로써 예년의 두세 배에 달했다. 또한 2009년에는 재정지출 증가율이 1/4분기 46%에서 2/4분기에 24%로 그리고 3/4분기에는 6.8%로 점점 작아졌는데 경기는 빠르게 상승했으며, 3/4분기 성장률은 놀랍게도 14.5%를 기록했다. 이 사실은 재징지출과 성장률 사이의 싱관관계도 크지 않았음을 증명한다.

참고로, 재정지출은 경제성장에 오히려 부정적인 역할을 하는 것이 일반적이다. 재정지출은 생산성과 수익성이 낮아서 민간부문이 외면하는 분야에 지출되는 것이 보통이므로, 재정지출 증가율이 높을수록 국가경제의 평균적인 생산성은 떨어지고, 한계생산성은 마이너스를 기록하게 된다. 이것은 성장률을 떨어뜨린다는 것을 의미한다. 이 문제는 앞에서도 이미 언급했다. 따라서 더이상의 자세한 설명은 필요가 없을 것이다.

재정지출 증가율(전년동기대비)과 성장률(전기대비) 추이

구분	07 4/4	08 1/4	08 2/4	08 3/4	08 4/4	09 1/4	09 2/4	09 3/4
재정증가율	12.6	6.1	5.4	22.5	16.2	46.3	24.2	6.8
성장률	6.8	3.9	1.5	0.7	-17.3	0.4	10.4	14.5

자료: 기획재정부 홈페이지 2010년 12월 및 한국은행 국민계정(연률 환산) 각호

위와 같은 사실은 국내경기가 하강했다가 상승으로 돌아선 원인이 다른 데에 있음을 뜻한다. 그 원인은 도대체 무엇일까? 그것은 환율의 상승과 하락 때문이었다. 당시의 여러 경제변수 중에서 가장 큰 변동을 보인 것은 환율이었으므로, 환율이 국내경기의 급변에 가장 결정적인 원인으로 작용했다고 보는 게 옳다.

실제로 2008년 초부터 환율이 상승하자 수입 원자재의 국내 가격이 크게 올랐다. 우리 경제는 석유나 석탄 등 에너지 자원은

물론이고, 밀이나 옥수수 등의 식량과 사료, 원면이나 철광석 등의 공업용 원료도 거의 모두 수입에 의존하는데 그 가격이 크게 올랐으며, 그 영향으로 국내물가는 급등했다. 2008년 2월에 3.6%였던 소비자물가 상승률이 줄기차게 올라 7월에는 5.9%까지 상승했다. 물가가 이렇게 계속 오르면, 같은 소득으로 더 적게 소비할 수밖에 없으므로 경기는 부진해지기 마련이다.

더 심각한 것은 생산자물가 상승률이었다. 1월의 4.2%에서 수직으로 상승하기 시작하여 7월에는 12.5%를 기록했다. 이처럼 생산자물가 상승률이 훨씬 높아져 소비자물가 상승률을 앞지르면 어떤 일이 벌어질까? 당연히 기업의 경영수지가 악화된다. 판매가격보다 생산비용이 더 빠르게 상승하기 때문이다. 더욱이 2008년 중반처럼 그 격차가 5~6%에 이르면, 기업의 경영수지는 심각하게 악화된다.

그러면 어떤 일이 벌어질까? 경영수지가 악화되면 기업은 생산을 줄이고 고용과 투자도 줄이며, 그러면 소득이 줄어 소비까지 줄어드는 악순환이 벌어진다. 경기는 당연히 빠르게 하강한다. 2008년에 국내경기가 빠르게 하강했던 배경에는 이런 경제원리가 작동했다. 현 경제학은 이처럼 중요한 역할을 하는 이 경제원리를 외면하고 있다.

2008년의 물가상승률(%) 추이

구분	1월	2월	3월	4월	5월	6월	7월	8월
소비자물가	3.9	3.6	3.9	4.1	4.9	5.5	5.9	5.6
생산자물가	4.2	5.1	6	7.6	9	10.5	12.5	12.3

자료: 조사통계월보 2009년 1월호, 한국은행

당시에 대부분의 경제전문가는 국제 석유 가격이 폭등하여 물가상승이 일어났다고 분석했다. 실제로 석유 가격(텍사스 중질유의 배럴당 가격)은 1월 평균 93달러에서 3월에 100달러를 넘어섰고, 6월 말에는 134달러까지 치솟았다. 그렇지만 그 영향은 제한적이었다. 국내총생산GDP 중에서 수출용을 제외한 석유 순수입이 차지하는 비중은 약 5%에 불과했기 때문이다. 더욱이 총거래액 기준으로는 1.4%에 불과했다. 비중이 이처럼 적은 비중의 석유 수입이 전체 물가를 이처럼 크게 올릴 수는 없다. 그 반증 사례가 있다. 즉 석유 가격이 2001년 말의 19달러에서 2007년 말에 91달러까지 다섯 배 가까이, 연평균으로는 30%나 올랐을 때는 소비자물가 상승률이 매년 2~3%대를 기록하여 과거 어느 때보다 안정적이었다.

따라서 환율상승이 물가를 결정적으로 상승시켰다고 보는 게 옳다. 전체 수입은 국내총생산에서 차지하는 비중이 약 47%에 달하므로, 그리고 총거래액에서 차지하는 비중은 약 13%에 이르므로, 이것이 물가를 결정적으로 상승시켰던 것이다. 실제로 환율상승이 수입 원자재는 물론이고 각종 시설재와 소비재 등 전체 수입품의 가격을 상승시켰고, 이것이 물가상승률을 높였다. 이처럼 물가가 크게 오르자, 소비자의 구매력은 위축되고 기업의 경영수지도 악화되어 경기는 하강으로 돌아서고 말았다.

환율은 금융시장의
신용경색도 불렀다

더 심각한 사태는 금융시장에서 벌어졌다. 환율이 지속적으로 상승하자 미래에 나타날 외환의 수요가 당시로 시간이동을 했다. 그러자 미래수요와 현재수요가 합쳐지면서 환율은 더 빠르게 상승했고, 외환시장에서는 외환위기가 또 터질지 모른다는 불안심리가 확산하기 시작했다. 때마침 그해 초여름부터 '9월 외환위기설'이 떠돌았다. 이런 분위기를 틈타 외국계 금융회사들이 국내 일부 불순세력과 결탁하여 환투기를 감행했고, 환율은 더 급등했다. 10월에는 1,200원을 넘어섰으며, 그 후로도 환율은 거침없이 오르며 11월에는 한때 1,500원을 넘어서기도 했다. 환율이 이렇게 크게 오르면 어떤 일이 벌어질까? 금융시장에 아주 큰 타격을 입힌다.

경제파국으로 치닫는 금융위기

환율이 크게 상승하면 외국에서 돈을 빌려온 국내 금융회사와 기업은 그만큼 환차손을 입는다. 예를 들어 환율이 1천 원일 때 1억 달러를 들여왔다면 1천억 원을 빌린 셈이지만, 환율이 1,500원으로 상승하면 이자를 제외하고도 1,500억 원을 갚아야 한다. 환차손만 따져도 500억 원을 추가로 부담해야 하는 셈이다. 2007년 말까지 국내 은행과 기업이 빌려온 외채는 각각 약 1천억 달러로서 총 2천억 달러에 달했으므로, 가만히 앉아서 우리 돈으로 1백조 원 이상을 추가로 부담해야 하는 상황이 벌어졌다.

기업은 돈을 쉽게 구하지 못해 외채를 당장 갚지 못했으므로 사정이 상대적으로 조금이나마 더 나았다. 반면에, 국내 은행은 돈을 충분히 보유하고 있어서 서둘러 외채를 갚았다. 환율이 본격적으로 상승하기 시작했던 2008년 3/4분기에는 38억 달러의 외채를 순상환했고, 폭등으로 바뀐 4/4분기에는 241억 달러를 순상환했다. 그 합계는 우리 돈으로 약 33조 원이었다. 이것은 본원통화의 85%에 달하고, 협의통화(M1)의 거의 10%에 이르는 엄청난 규모였다. 그 결과 국내 금융시장은 극심한 신용경색에 시달렸다. 당시 대통령이 직접 나서서 "책임을 묻지 않을 테니 은행은 기업에 대출하라"고 강권할 정도였다. 금융시장이 이렇게 신용경색을 일으키면 경기는 빠르게 하강한다. 그래서 2008년 4/4분기 성장률이 무려 -17.3%를 기록하고 말았다.

국내 은행의 대외채무 증감액(억 달러)과 평균 환율(원/달러) 추이

구분	2006	2007	2008 1/4	2008 2/4	2008 3/4	2008 4/4
채무증감	237.3	268.5	129.9	53.6	-38.3	-240.8
평균 환율	956	929	956	1,018	1,064	1,364

자료: 조사통계월보 2009년 6월호, 한국은행

　그럼 금융시장의 신용경색은 왜 이처럼 급격한 경기하강을 불렀을까? 금융기관은 우리 몸의 혈관계와 비슷하다. 화폐를 발행하여 유통시키는 중앙은행은 우리 몸에서 피를 생산하는 등뼈이자 심장이고, 은행 등의 금융기관은 우리 몸의 정맥과 동맥으로 이뤄진 핏줄의 역할을 한다. 그리고 금융시장에서 유통되는 통화는 경제에서 우리 몸의 혈액같은 역할을 한다. 만약 우리 몸을 순환하는 혈액이 크게 줄어들면 어떤 일이 벌어질까? 손발과 내장을 비롯한 여러 신체조직은 필요한 영양분을 충분히 공급받지 못함으로써 활동력이 떨어지고, 자칫 신체의 모든 기능이 약화되어 목숨을 잃는 일까지 발생한다.

　금융시장은 경제에서 이보다 훨씬 결정적인 역할을 한다. 통화는 신용창조를 하기 때문이다. 신용창조가 일어난다면 당연히 신용파괴도 얼마든지 일어난다고 봐야 한다. 실제로 외채를 갚으려면 금융시장에서 돈을 회수해야 하고, 돈을 회수하면 대출이 줄어들고, 대출이 줄어들면 시중의 돈이 줄어들고, 시중의 돈이 줄어들면 예금도 따라서 줄어드는 일이 반복하여 벌어진다. 그 결과로 시중의 돈은 바짝 마르고, 이에 따라 투자와 거래가 줄면서 경기는 급강하한다. 2008년 4/4분기에 이런 일이 우리 경제에서 실제로 벌어졌다.

환율은 경기 급상승을
일으키기도 했다

　2008년에는 추락하기만 했던 국내경기가 2009년에 들어선 뒤부터 빠른 속도로 상승했는데, 그 원인은 또 무엇일까? 이것 역시 환율 때문이었다. 환율이 하락으로 돌아서자 외국자본의 도입은 환차익을 누릴 수 있게 됐고, 이에 따라 외국자본이 대거 국내에 유입되었다. 외국자본의 유입은 해외 소득의 국내 이전을 의미했다. 해외 소득이 이처럼 국내에 이전됨으로써 국내수요를 키웠으며, 이것이 구매력을 증가시킴으로써 국내경기를 상승시켰다.

　아래 표에서 보듯이 2008년 3/4분기에 자본수지가 63억 달러의 적자를 기록하자 성장률은 0.7%를 기록했고, 4/4분기에는 자본수지가 426억 달러의 대규모 적자를 기록하자 성장률은 -17.3%로 뚝 떨어졌다. 다행히 2009년 1/4분기에는 자본수지 적자가 크게 줄면서 경기하강이 멈추고 상승으로 전환하여 성장률은 0.4%를 기록했다. 그 뒤 2/4분기와 3/4분기에는 자본수지가 각각 87억 달러와 144억 달러의 대규모 흑자를 기록하였으며, 이에 따라 성장률도 높아져 각각 10.3%와 14.5%라는 놀라운 실적을 기록했다.

2008년 하반기 이후의 자본수지(억 달러)와 전기대비 성장률(%) 추이

구분	08 3/4	08 4/4	09 1/4	09 2/4	09 3/4	09 4/4	10 1/4	10 2/4
자본수지	-62.9	-426.3	-14	86.8	144	47.7	57.1	-41.3
성장률	0.7	-17.3	0.4	10.3	14.5	0.7	9.2	5.7

자료: 자본수지는 경제통계연보 2012년, 성장률은 국민계정(연률 환산) 각호, 한국은행

2009년 4/4분기에는 성장률이 0.7%로 뚝 떨어졌는데 이것은 환율과는 상관없다. 그 이유는 무엇일까? 2/4분기와 3/4분기에 각각 기록했던 10.3%와 14.5%라는 성장률이 우리 경제의 잠재성장률보다 훨씬 높았기 때문이다. 이처럼 짧은 기간에 경기상승이 과속을 보이면, 경제는 탈진 증상을 보이고 성장률은 뚝 떨어지고 만다. 마치 5km 구간을 15분대에 뛸 능력을 가진 마라톤 선수가 13분대에 뛰면 금방 탈진하는 것과 같은 일이 벌어지는 셈이다. 성장률이 3/4분기 14.5%에서 4/4분기에 0.7%로 떨어진 것

은 시속 145km를 달리던 자동차가 속도를 7km로 낮춘 것이나
마찬가지였다.

다행히 2010년 1/4분기에도 자본수지가 57억 달러의 흑자를
기록하자 성장률은 9.2%로 다시 높아졌다. 그러나 2/4분기에는
자본수지가 41억 달러의 적자를 기록하자 경상수지가 103억 달
러의 흑자를 기록했음에도 성장률은 5.7%로 낮아졌다.

2010년에 들어선 뒤부터는 성장률이 이처럼 들쭉날쭉해진 원
인 역시 환율의 급변 때문이었다. 환율을 안정적으로 유지했더라
면 경기상승 추세가 2/4분기에도 계속 이어질 수 있었으나, 정책
당국이 환율을 공격적으로 방어하여 다시 상승시켰던 것이 자
본수지를 적자로 돌아서게 했고 이것이 2/4분기 이후의 경기하
강을 결정적으로 불렀다.

2009년 이후의 전기대비 성장률(%)과 평균 환율(원/달러) 추이

구분	09 1/4	09 2/4	09 3/4	09 4/4	10 1/4	10 2/4
성장률	0.4	10.4	14.5	0.7	9.2	5.7
평균 환율	1,413	1,286	1,239	1,168	1,143	1,165

자료: 국민계정 각호(연률 환산) 및 조사통계월보 2010년 9월호, 한국은행

참고로, 우리나라가 OECD 국가 중에서 2009년 글로벌 금융 위기를 가장 성공적으로 극복했다는 게 일반적인 인식이다. 2010년 성장률이 6.5%를 기록하자 당시 대통령이 직접 나서서 그렇게 선전해댄 것이 그런 인식을 심어줬다. 경제전문가나 언론이나 야당 등 누구도 이의를 제기하거나 비판하지 않음에 따라 국민은 그렇게 믿게 됐다.

하지만 이것은 뛰어난 정치적 선동이었을 따름이다. OECD 국가들과 비교하면 우리나라가 그다지 나쁜 실적을 기록한 것은 아니지만, 그 나라들이 평균적으로 낮은 성장률을 기록했던 이유는 대부분 유럽연합EU에 속하고, 유럽중앙은행ECB의 통화정책이 실패하여 경제난을 심화시켰기 때문이다. 실제로 2009년 말에 유럽중앙은행은 본원통화의 공급을 갑자기 줄였으며, 이것이 신용파괴원리를 다시 작동하도록 했다. 그래서 유럽연합에 속한 여러 나라의 성장률은 뚝 떨어지고 말았다. 간단히 말해, 정책실패가 경제난을 초래한 이런 나라들과 우리나라를 비교하는 것은 올바른 일이 아니다. 비교하려면 경제정책이 실패하지 않은 나라와 비교하는 게 마땅하다. 그래야 경제정책이 성공했다는 주장에 설득력을 부여할 수 있다.

사실 2010년에 우리나라가 기록한 성장률 6.5%는 2009년 성장률 0.7%를 기준으로 계산한 반사적인 결과였다. 연평균으로는 고작 3.6%에 불과한 실적이었다. 그래서 이듬해인 2011년의 성장률은 3.7%로 떨어졌고, 2012년에는 2.3%까지 더 추락했다. 이것이 어찌 성공이란 말인가.

더욱이 경제정책이 실패하지 않은 다른 나라의 2010년 성장률을 살펴보면, 이명박 정권의 발표는 심각한 문제였음을 쉽게 알 수 있다. 싱가포르와 파라과이는 각각 14.5%, 필리핀 12.2%, 대만 10.9%, 중국 10.4%, 아르헨티나 9.2%, 터키 8.9%, 페루 8.8%, 우루과이 8.5%, 인도 8.5% 등 알만한 나라들은 모두 높은 성장률을 기록했다. 이래도 우리나라 경제정책이 성공했다고 말할 수 있을까? 이것은 진실과는 거리가 멀 뿐 아니라, 실패를 성공으로 둔갑시켜서 박근혜 정권에서도 실패할 게 뻔한 경제정책을 거듭 펼치도록 했다. 그 결과는 경제난의 악화였다.

수출보다 더 중요한 것은 내수

우리나라 수출의존도는 GDP의 50%에 육박한다는 것이 경제전문가 사회의 일반적인 믿음이다. 만약 수출의존도가 이처럼 높다면 2008년 성장률은 15%를 넘는 게 정상이다. 우리 돈으로 환산한 수출증가율은 34%에 달했기 때문이다. 하지만 성장률은 2.8%에 불과했다. 그런 잘못된 믿음이 환율을 상승시켜 수출 증대를 도모케 했고, 이것이 장기간의 경기부진을 초래하고 말았다.

수출은 거래액이고 GDP는 부가가치이므로, 이 둘을 비교하려면 거래액이든 부가가치이든 하나로 환산해 기준을 일치시켜야 한다. 수출을 부가가치로 환산해보자. '2010년 경제총조사'에 따르면, 매출 총액은 4,332조 원이고 부가가치 총액은 1,173조 원이므로, 부가가치가 매출액에서 차지하는 비율은 약 27%이다 (1,173조/4,332조 = 27.1%). 이 비율로 환산하면 수출의 부가가치는 1,483억 달러이고(5,482억 × 27.1% = 1,483억)이고 GDP는 1조1,295억 달러이므로, 수출비중은 13%에 불과하다(1,483/11,295 = 13.2%). 간단히 말해, 환율인상 정책은 13%의 수출을 위해 87%의 내수를 희생시킨 꼴이었다.

현실적으로 국내총생산의 87%에 이르는 내수는 환율이 하락하는 경우에 호조를 보인다. 진짜로 환율하락이 내수 증가에 도움을 줄까? 당연하다. 환율이 하락하면 석유와 석탄 등 에너지 자원은 물론이고, 각종 공업용 원료, 각종 자본재와 소비재, 식량과 사료 등의 수입가격이 떨어진다. 이에 따라 물가가 안정되면 소득이 증가하지 않더라도 물가가 상승할 때보다 더 많은 소비를 할 수 있게 되며, 이것이 국내경기를 상승시킨다. 그뿐만 아니라, 기업으로서는 원자재와 시설재 등을 싸게 수입하여 경영수지가 크게 호전되며, 기업의 이익이 커지면 고용과 투자가 증가하고 국내경기는 상승한다.

혹시 내수가 살아나더라도 환율이 하락해 수출이 부진해지면, 국제수지가 악화되는 등 아주 심각한 문제를 일으키지는 않을까? 혹시 환율이 상승해 수출이 호조를 보이면, 내수 부진을 충분히 이겨낼 수 있지 않을까? 아니다. 환율이 하락하면 수출이 감소한다는 게 일반적인 믿음이지만, 이런 믿음이 틀렸다는 사실은 이미 역사가 증명했다. 중장기적으로는 환율이 상승할 때 수출은 오히려 줄었고, 환율이 하락할 때는 수출이 증가했던 것이다.

그럼 앞으로도 환율이 떨어지면, 수출이 증가하고 내수도 살아날까? 당연히 그렇다. 만약 정책당국이 수비적으로 환율방어를 하면, 환율은 점진적인 하락세를 보일 것이고, 경제정책이나 다른 경제변수가 경기를 하강시키는 압력으로 작용하지 않으면 성장률은 6% 이상으로까지 오를 것이다. 성장률이 이처럼 상승하면, 소득이 그만큼 증가하고, 저축은 더 많이 증가할 것이다. 저축이 더 많이 증가하면 투자도 증가하고, 주식이나 부동산의 수요도 증가하여 주식시장과 부동산시장은 상승세를 보일 것이다. 이것이 또 국내경기를 더욱 상승시킬 것이다. 1980년대의 사례가 그걸 증명한다.

1980년대 중반부터 우리나라 국제수지는 흑자로 돌아섰고, 그 규모가 점점 커졌다. 이에 따라 환율이 꾸준히 하락했다. 그러자 내수가 팽창하면서 성장률도 크게 높아졌다. 1986년부터 1988년까지 3년 동안의 성장률은 매년 11%를 훌쩍 넘어섰을 정도였다. 성장률이 이처럼 높은 실적을 기록하자 종합주가지수

130P~140P선에 머물던 주가지수도 줄기차게 상승하여 1989년 4월 초에는 사상 처음으로 1,000P을 넘어섰으며 부동산시장도 상승하여 투기열풍이 불었다.

다만 1989년에는 아래 표에서 보듯이 환율이 하락했음에도 성장률이 뚝 떨어졌던 것은 성장률이 3년 연속 11% 이상을 기록해 잠재성장률을 넘어섬으로써 경기과속 현상이 빚어졌고, 1989년 5월 이후에는 주식시장까지 약세로 돌아섬으로써 경기하강에 힘을 보탰기 때문이다.

1980년대 후반의 연말 환율(원/달러)과 성장률 추이(%)

구분	1985	1986	1987	1988	1989
환율	890.2	861.4	792.3	684.1	679.6
성장률	7.7	11.2	12.5	11.9	7.0

자료: 한국은행 경제통계시스템 2016년 11월

문제는 환율이다

흔히 환율은 '화폐의 대외가치'라고들 말한다. 맞는 말이다. 그럼 이것으로 충분할까? 아니다. 이런 단순한 규정으로는 환율이 국가경제에서 차지하는 위상과 의미를 충분히 이해하기 어렵다. 만약 나에게 환율을 한마디로 정의하라면, 국가경제의 '체력과 건강의 척도'라 부르고 싶다. 환율이 상승하면, 즉 화폐의 대외가치가 떨어지면 국가경제의 건강과 체력은 그만큼 나빠진 것을 뜻한다. 반대로 환율이 하락하면, 즉 화폐의 대외가치가 상승하면 국가경제의 건강과 체력이 그만큼 양호해진 것을 뜻한다. 따라서 환율은 어느 경제지표에 못지않게 중요하다. 건강을 잃으면 생명을 잃을 수도 있는데, 생명을 잃으면 모든 게 의미가 없어진다. 마찬가지로 경제체력을 잃으면 경제활동이 약화되고, 경제활동의 약화는 결국 경제위기나 경제파국을 부른다.

물론 경제의 건강과 체력은 환율에 의해서만 결정되는 것은 아니다. 환율 이외에도 물가상승률과 정부의 재정수지와 기업의 경영수지 등의 경제변수에 주로 영향을 받는다. 만약 물가와 환율이 불안해지면 경제의 건강과 체력은 훼손당하며, 기업수지와 재정수지가 장기간 악화되더라도 마찬가지이다. 반면에, 물가와 환율이 안정적일수록 그리고 정부 재정수지와 기업 경영수지가 양호할수록 더 높은 성장률을 지속할 수 있으며, 만약의 사태즉, 심각한 경제위기가 닥쳐와도 비교적 쉽게 이겨낼 수 있다. 따라서 이것들도 경제의 건강과 체력을 진단하는 기초적인 경제지표라 할 수 있다.

그중에서도 제일 중요한 것은 역시 환율이다. 환율이 점진적으로 떨어지면 물가안정에 기여하고 경기도 상승시키며, 정부 재정수지와 기업 경영수지도 호전시키는 효과를 발휘한다. 한마디로, 환율이 점진적으로 떨어진다는 것은 국가경제의 건강과 체력 그리고 경제실적이 다른 나라에 비해 상대적으로 양호해진다는 것을 뜻한다. 한편, 환율은 국내 재화의 대외가치를 뜻하기도 한다. 국내 재화의 대외가치는 환율로 표시되는 것이다.

그런데 물가는 재화의 가치를 뜻한다. 따라서 물가와 환율은 대외가치의 측면에서 보면 동의어나 마찬가지이다. 국내물가가 높다는 것은 대외적으로 국내 재화의 가치가 낮다는 것을 뜻한다. 따라서 환율정책은 물가정책을 포함하며, 환율과 물가는 경제의 건강을 진단하는 가장 기초적인 지표이다.

그럼 환율과 물가가 경제의 건강과 체력을 진단하는 기초적인 지표로 꼽히는 이유는 무엇일까? 물가와 환율이 국제경쟁력과 성장잠재력을 근본적으로 제약하기 때문이다. 국제경쟁력이 향상되면 환율은 하락하고, 국제경쟁력이 악화되면 환율은 상승하는 경향을 보인다. 그리고 성장잠재력이 높아지면 물가는 상대적으로 더 안정되며, 성장잠재력이 떨어지면 물가는 상대적으로 더 불안해지는 경향을 보인다. 진짜로 그럴까? 세계적인 사례들을 살펴보면 이 의문은 쉽게 해소된다.

예를 들어, 일본경제는 다른 나라와의 국제경쟁력과 성장잠재력의 경쟁에서 이겨냈을 때는 초장기 경제번영을 누렸고, 그 결과 1인당 국민소득이 한때 미국을 훌쩍 넘어선 바 있었다. 1980년대까지 환율이 점진적으로 하락했던 것이 이런 결과를 빚었다. 그러나 1990년대 이후 환율정책이 실패한 뒤부터는 일본경제가 초장기 경기침체를 겪었다.

우리나라 역시 예외가 아니었다. 국제경쟁력과 성장잠재력을 외면한 환율정책을 펼침으로써 1997년 말에 '단군 이래 최대 난리'라던 환란을 당했고, 우리 국민은 극심한 경제난을 겪었다. 멀쩡하게 잘 다니던 회사에서 정리해고를 당한 노동자가 110만 명에 달했으며, 길거리에는 노숙자가 넘쳐났다. 흑자를 기록하던 기업까지 부도를 내는 등 3만 개 이상의 기업이 도산했다. 이런 비극적인 사태를 초래한 원인에 대한 분석은 아직도 충분히 이뤄지지 않았다.

7장

환율변동의
과학적 구조

재화의 대내 가격이 화폐로 표시된다면, 국내 재화의 대외 가격은 환율로 표시된다. 화폐의 가치가 국내 재화에 대한 구매력을 나타낸다면, 환율은 해외 재화에 대한 구매력을 나타내기도 한다. 이런 기능을 하는 환율은 가격의 일종이다. 따라서 환율도 가격과 똑같은 운동원리의 지배를 받는다. 내가 구축한 새로운 가격이론에서는, 가격 카오스원리와 가격 변동원리와 가격 결정원리가 함께 작동하여 환율을 결정하고 변동시킨다.

이 세 가지 운동원리가 합성되는 과정 즉, 가격 카오스원리는 수요를 통해 가격변동원리에 합성되고, 가격 결정원리는 공급을 통해 가격 변동원리에 합성되는 과정을 역추적하는 방법을 활용하면 현실의 환율을 충분히 진단해내고, 예측해낼 수 있다. 하지만, 환율의 결정원리인 삼쌍성의 작동을 이해하는 것조차 여간 어렵지 않으며, 그 작동원리를 통해 환율의 결정을 읽어내는 일은 더 어렵다. 이것은 지나치게 전문적인 주제이므로, 더이상은 언급하지 않기로 한다. 다만, 간단히 밝히자면, 환율은 '국제경쟁력 및 성장잠재력'과 함께 '삼쌍성'을 이뤄 상호작용을 하면서 결정된다. 이 문제는 이 책의 취지와 벗어나므로 이 정도에서 마무리한다.

혹시 실용적이고 쉬운 방법은 없을까? 분명히 있다. 즉, 외환의 수요와 공급을 무엇이 결정하는가를 끝까지 추적해가면 현실에서 나타나는 환율의 변동을 비교적 정확히 읽어낼 수 있다. 지금부터 이 방법을 통해 환율변동의 운동원리를 살펴보기로 하자. 이것이 환율을 읽어내는 현실적인 방법이다.

환율변동을 결정하는 것은 자본수지와 경상수지

환율은 정부의 환율방어나 해외 금융시장의 영향을 받기도 하지만, 근본적으로는 국내 외환시장에서 결정된다. 그리고 환율변동은 국내 외환시장에서 벌어지는 공급과 수요의 상호작용으로 일어난다. 해외 금융시장의 동향과 정부의 환율방어도 국내 외환시장의 공급과 수요에 반영되어 환율에 영향을 끼친다. 주류 경제학이 가르치듯이, 수요가 공급에 비해 더 많이 늘면 가격은 오르고, 공급이 수요에 비해 더 많이 늘면 가격은 내리는데, 이것은 만고의 진리로서 환율도 이 운동원리의 지배를 받는다.

그러나 이것만으로는 환율의 변동을 충분히 읽어내기 어렵다. 수요는 어떻게 주어지고 공급은 또 어떻게 주어지는지를 추가적으로 고찰해야 한다. 주류경제학의 환율이론은 이런 추가적인 고찰을 하지 않음으로써 환율의 변동을 좀처럼 읽어내지 못한다. 실제로 주류경제학은 헥셔-올린 정리에 입각하여 환율의 결정이나 변동을 설명하려 했고 리프친스키 정리에 의해서 보완해봤지만, 그밖에 구매력평가설로 환율의 결정과 변동을 해명하려 했지만, 성공적이지 못했다. 이 가설들은 수사학적으로만 미려할 뿐이지 현실적인 유용성은 거의 없다. 실용적인 면에서 이 가설들은 원시적인 수준에서 크게 벗어나지 못했다.

만약 수요와 공급의 근원이 무엇인가를 깊이 파고든다면, 가격의 변동을 과학적으로 그리고 정확하게 읽어낼 수 있다. 그럼 외환에 대한 수요와 공급은 무엇이 결정할까? 이것을 끝까지 역추적해가면 환율의 변동을 누구나 비교적 쉽게 그리고 정확하게 읽어낼 수 있다. 지금부터 그 역추적을 시작해보자. 이 작업은 주류경제학의 환율이론을 한 단계 진화시켜줄 것이고, 다른 가격의 변동까지 제대로 읽어낼 수 있는 기초적인 훈련을 제공할 것이다. 내가 그동안 환율변동을 다른 경제전문가들보다 상대적으로 더 정확하게 예측해낼 수 있었던 것도 이런 역추적을 끈질기게 해냈던 결과이다.

환율의 변동을 일으키는 가장 직접적인 변수는 국제수지이다. 만약 국제수지가 적자면 그리고 다른 변수가 작용하지 않으면, 외환의 공급이 수요에 비해 더 적어짐으로써 환율은 상승한다. 반면에 국제수지가 흑자면, 외환의 공급이 수요에 비해 더 많이 증가함으로써 환율은 하락한다. 그런데 국제수지는 하나가 아니라, 크게 두 가지 종류로 나뉜다. 그 하나는 경상수지이고 다른 하나는 자본수지이다. 이 둘을 합하여 종합수지라 부른다.

참고로, 2009년에 한국은행은 국제수지를 경상수지와 금융·자본계정으로 재분류했는데, 이것은 미국의 새로운 분류방법을 따른 것이다. 외환시장의 수급상황을 살피는 데는 이 분류가 편리하지만, 미국은 국제수지가 경제에 끼치는 영향이 크지 않다는 점을 고려해야 한다. 미국 이외의 나라에서는 국제수지 특히, 자본수지가 매우 중요한 역할을 하므로, 이 분류는 적절치 못하다. 따라서 여기에서는 전통적인 방법에 따라 경상수지와 자본수지로 분류하여 논의를 진행하기로 한다.

먼저, 경상수지는 상품과 용역의 교역에서 나타난 격차를 뜻한다. 상품과 용역의 수출이 수입보다 더 많아지면 경상수지는 흑자를 기록하고, 반대로 수입이 수출보다 더 많아지면 경상수지는 적자를 기록한다. 다음으로, 자본수지는 자본의 유출과 유입의 격차를 뜻한다. 국내자본이 해외로 더 많이 유출되면 자본수지는 적자를 기록하고, 해외자본의 국내 유입이 더 많아지면 자본수지는 흑자를 기록한다.

환율의 변동은 이 두 가지의 국제수지가 상호작용하여 결정한다. 경상수지가 적자이더라도 자본수지 흑자가 그보다 더 크면 종합수지는 흑자를 기록하는데, 이 경우에는 외환의 공급이 증가하여 환율은 하락 압력을 받는다. 반대로 경상수지가 흑자이더라도 자본수지 적자가 더 크면 종합수지는 적자를 기록하는데, 이 경우는 외환의 공급이 줄어 환율은 상승압력을 받는다.

물론 자본수지 흑자가 경상수지 적자보다 더 커서 종합수지가 흑자를 기록하더라도, 그래서 외환의 공급이 더 많이 증가하더라도, 환율이 오히려 상승하는 경우도 현실에서는 가끔 나타난다. 경상수지 적자가 지속되면 외채를 들여오거나 외국인 투자를 유인하여 그것을 메워야 하는데, 외채나 외국인 투자가 지나치게 많아지면 그 경제적 부담이 커지고, 이에 따라 외채와 외국인 투자의 추가 유입이 어려워질 수 있다는 우려가 생겨나기 때문이다.

현실적으로 외환위기가 예견될 때는 외채의 도입과 외국인 투자의 유치가 갑자기 어려워지면서 환율이 폭발적으로 상승하며, 이 경우에는 외채와 외국인 투자는 환차손을 입는다. 그러면 내국인은 외채를 서둘러 상환하고, 외국인은 투자를 서둘러 회수한다. 이에 따라 환율은 더 폭등하며, 외환보유고가 고갈되는 사태인 외환위기가 발생하기도 한다.

이런 의미에서 경상수지는 환율변동의 주변수이고, 자본수지는 종속변수이다. 장기적인 관점에서 보면 경상수지 흑자는 거의 예외 없이 환율하락을 주도하며, 그 적자는 환율상승을 주도하기 때문이다. 이에 비해 자본수지의 흑자나 적자는 환율변동을 추종하는 경향이 있다. 환율변동에 따른 환차익이나 환차손이 자본수지에 중대한 영향을 끼치기 때문이다. 실제로 환율이 하락함에 따라 환차익이 기대될 때는 자본수지가 흑자를 기록하고, 환율이 상승함에 따라 환차손이 우려될 때는 자본수지가 적자를 기록하곤 한다.

따라서 환율변동의 추이를 정확히 파악하기 위해서는 경상수지의 추이를 먼저 살펴야 한다. 잠시 뒤에 살펴볼 것처럼, 자본의 수익률이 높은 경우에는 자본수지가 흑자를 기록하고 이것이 환율하락을 주도하기도 하지만, 경상수지가 지속적으로 대규모 적자를 기록할 경우에는 환율이 장기적으로 상승하고, 결국 외국자본의 유입은 언젠가 환차손을 입는다. 따라서 자본수지에 앞서 경상수지를 먼저 살피는 것이 바람직하다. 그 이후에 자본수지의 동향도 함께 살피면 환율변동을 비교적 정확히 읽어낼 수 있다.

현실에서는 위와 같은 운동원리의 작동이 정책당국에 의해 종종 방해받기도 한다. 정책당국은 국내 외환시장에서 외환을 사들이는 정책을 펼침으로써 외환의 수요에 가세하기도 하며, 이에 따라 수요가 상대적으로 더 커지면 경상수지와 자본수지가 모두 흑자이더라도 환율은 상승한다. 정책당국은 이처럼 환율을 적극적으로 방어하여 환율변동원리의 작동을 교란하곤 하는데, 이런 개입은 비용을 수반한다. 화폐를 발행해 외환을 대거 매수할 경우에는 통화가 급증함으로써 물가불안을 야기하고, 정부채권을 발행해 외환을 매수할 경우에는 이자를 지불해야 한다. 그러므로 정부 외환매입은 어느 땐가는 한계에 봉착한다.

외환매입이 한계에 이를 경우에는 정책당국이 외환의 해외유출을 유도하는 정책을 펼치기도 한다. 하지만 이것은 국내소득의 해외이전을 유발함으로써 국내수요의 부족과 그에 따른 국내경기의 부진을 부른다. 이런 사실을 알지 못하고, 그 정책을 줄기차게 펼침으로써 장기간에 걸친 경기부진을 초래하는 니라기 제법 있는데 일본, 독일, 대만, 우리나라 등이 대표적이다. 2014년부터는 중국도 이런 나라에 본격적으로 가세함으로써 성장률이 계속 떨어지고 있다.

경제성장이 지속가능한 범위 안에서는 그리고 지속가능한 최대의 성장률을 추구하는 정책이 펼쳐질 경우는 국제수지 즉, 경상수지와 자본수지의 합계가 환율변동을 결정하므로, 경상수지와 자본수지가 어떻게 결정되는가를 알면 환율변동을 비교적 정확히 읽어낼 수 있다. 그럼 경상수지는 무엇이 결정할까? 무엇이 경상수지를 흑자나 적자로 만들까? 무엇이 상품과 용역의 수출보다 수입을 더 많게 하거나, 수입이 수출보다 더 적게 할까? 그리고 무엇이 자본수지를 흑자나 적자로 만들까? 무엇이 국내자본의 해외투자보다 외국자본의 국내유입을 더 크게 하거나 더 적게 할까?

자본수지와 경상수지에 대한 정확한 이해는 환율의 변동을 읽어내는 데에 어느 무엇보다 중요하다. 정책당국의 외환시장 개입을 배제하면, 이 둘의 상호작용이 환율변동을 근원적으로 결정하기 때문이다. 지금부터는 이 둘을 무엇이 결정하는지 차례대로 살펴보기로 한다. 환율변동의 주변수인 경상수지를 먼저 살펴보는 것이 순리이지만, 경상수지의 결정원리는 상대적으로 더 복잡하고 난해한 반면에 자본수지의 결정원리는 비교적 단순하

　　　　　　　　경제파국으로 치닫는 금융위기

다. 그래서 자본수지부터 먼저 살펴보고, 그 뒤에 경상수지를 살펴보기로 한다. 다만 경제를 진단하고 예측할 때에는 경상수지를 먼저 고려해야 한다는 점을 거듭 강조해둔다.

자본수지는 성장률, 이자율, 환차익 등이 결정한다

　자본수지는 무엇이 결정할까? 당연히 자본의 수익률이 결정한다. 우리나라에 대한 투자수익률이 다른 나라에 비해 상대적으로 더 높으면, 자본수지는 흑자를 기록한다. 돈이란 더 많은 이익을 찾아 이곳저곳을 떠돌아다니는 속성을 지녔기 때문이다. 그럼 투자수익률은 무엇이 결정할까? 이것은 좀 복잡한 문제지만 간단히 먼저 밝히자면, 성장률과 환차익과 금리 등 세 가지 변수가 주로 결정한다. 그밖에 외채도입이나 해외투자와 같은 정책변수와 정치적 혹은 경제적 위기의식이 부르는 자본의 해외 탈출 등 다른 변수도 부차적으로 자본수지에 영향을 끼친다. 하지만 내생적으로는 위의 세 가지 변수의 영향력이 가장 크고 결정적이다. 이 세 변수에 대해 살펴보자.

첫째, 성장률이 높으면 자본의 수익률이 높아지는 것은 당연하다. 성장률이란 부가가치의 증가율을 의미하고, 부가가치는 소득을 의미하며, 소득의 증가란 이익의 증가를 의미하기 때문이다. 현실적으로 성장률이 높아져 경기가 호조를 보이면 대부분의 기업은 이익의 증가를 누린다. 성장률이 높으면 수익률은 이처럼 높아지므로, 외국자본의 국내투자가 늘어나 자본수지는 흑자를 기록한다. 실제로 이머징 마켓이라 불리는 신흥공업국에서는 성장률이 높은 수준을 장기간 유지할 때에 외국인 투자가 대체적으로 크게 증가했다. 성장률이 상대적으로 더 높으면 수익률이 높고, 수익률이 높으면 외국자본은 더 많이 유입되므로 이런 일이 흔히 벌어진다.

다만, 외국자본이 지나치게 많이 유입되면 유동성이 과다해져 수요가 급증함으로써 경기가 과열로 치달으며, 그러면 경상수지가 악화되고 국제수지 전체도 적자로 돌아서곤 한다. 이 경우에는 환차손이 발생하여 자본수지가 극단적으로 악화된다. 만약 국제수지 적자가 지나치게 커지면 자칫 외환보유고 고갈에 직면하여 외환위기가 터지기도 한다. 하지만 국제수지 적자가 지나치게 크지 않고 성장률이 다른 나라들에 비해 더 높으면 외국자본을 지속적으로 유입시킴으로써 경상수지 적자가 빚는 문제를 이겨내기도 한다.

미국도 마찬가지였다. 성장률이 일본이나 유럽에 비해 상대적으로 더 높았을 때 외국인 투자가 늘어나면서 자본수지가 흑자를 기록했다. 다만 미국은 다른 나라와는 다르게 특별히 고려해야 할 점이 있다. 투자는 수익률도 중요하지만 안정성도 중요하다는 점이 그것이다. 미국의 경상수지가 매년 대규모 적자를 기록했음에도 외국인 투자가 왕성했고 이에 따라 달러 가치가 유지된 것은 투자의 수익성은 물론이고 안정성에도 영향을 받았다. 미국 달러가 국제적인 기축통화의 역할을 하는 데에도 통화의 안정성은 중요한 역할을 했다.

둘째, 환율이 점진적으로 떨어지면 환차익이 생기며, 이 경우에는 외국자본이 환차익을 기대하고 국내에 유입됨으로써 자본수지는 흑자를 기록한다. 이해하기 쉽게 예를 들어보자. 환율이 1,500원일 때 1억 달러를 외국에서 국내로 들여오면 우리 돈으로 1천5백억 원을 바꿀 수 있는데, 환율이 1,000원으로 떨어지면 1천억 원으로 들여온 자금을 모두 회수하거나 갚을 수 있다. 원금을 갚거나 회수하고도 5백억 원의 이익이 남는 셈이다. 이것을 환차익이라고 부르는데, 환차익이 기대되면 누구나 외국자본을 빌리려 하고, 외국인도 국내에 투자하려 한다.

아래 표에서 보듯이, 우리 환율이 지속적으로 떨어진 때는 자본수지가 대체로 흑자를 기록했다. 연평균 환율이 1999년의 1,199원에서 2000년에 1,131원으로 떨어지자 2000년의 자본수지는 121억 달러의 흑자를 기록했다. 2002년의 1,251원에서 2003년에 1,192원으로 떨어질 때도 2003년 자본수지는 139억 달러의 흑자를 기록했으며, 2005년의 1,024원에서 2006년에 956원으로 떨어질 때 역시 2006년 자본수지는 180억 달러의 흑자를 기록했다. 이런 대규모 자본수지 흑자는 경상수지 흑자보다 더 크거나 비슷했다.

한마디로 경상수지 흑자가 환율의 하락을 불렀고, 이것이 자본수지 흑자를 부름으로써 환율을 더 큰 폭으로 하락시켰던 셈이다. 다만 2012년 이후에는 경상수지가 흑자이고 환율이 떨어졌음에도 자본수지는 적자를 기록했는데, 가장 결정적인 원인은 정부가 환율하락을 방어하기 위해 외환의 해외유출을 유도하는 정책을 적극적으로 펼쳤던 데에 있었다.

최근의 연평균 환율(원/달러)과 자본수지(억 달러) 추이

구분	1998	1999	2000	2001	2002	2003	2004	2005	2006	2007	2008	2009
환율	1,399	1,190	1,131	1,291	1,251	1,192	1,145	1,024	956	929	1,102	1,276
자본수지	-32	20.4	121.1	-33.9	62.5	139.1	76	47.6	179.7	71.3	-509	264.5

자료: 경제통계연보 2010년, 한국은행

반면에, 환율이 지속적으로 상승할 때는 대체적으로 자본수지가 적자를 기록했다. 위의 표에서 보듯이 1998년에는 연평균 환율이 전년도의 951원에 비해 47% 상승한 1,399원을 기록하자 IMF 등이 189억 달러나 구제금융을 해줬음에도 자본수지는 32억 달러의 적자를 기록했다. 2001년에도 연평균 환율이 전년도의 1,131원에서 1,291원으로 상승하자 자본수지는 34억 달러의 적자를 기록했고, 2008년 역시 환율이 전년도에 비해 19% 상승하자, 자본수지는 509억 달러라는 대규모 적자를 기록했다. 다만 2009년에는 평균 환율이 1,276원을 기록하여 2008년에 비해 상승했지만, 자본수지는 265억 달러의 흑자였다. 그 주요 이유는 그해 3월 초에 1,597원까지 상승했던 환율이 꾸준히 하락하여 연말에는 1,165원까지 떨어짐으로써 그사이에 외국자본이 환차익을 누릴 수 있었던 데에 있다.

　셋째, 이자율이 상대적으로 높을 때도 자본수지는 흑자를 기록하곤 한다. 이자율이 높으면 자본의 수익률이 높아지고, 이에 따라 외국자본이 국내로 유입되는 것이다. 경상수지가 적자를 기록하는 경우에 이자율이 평균적으로 높은 가장 큰 이유 중 하나가 여기 있다. 경상수지 적자를 메우기 위해서는 자본수지 흑자를 늘려야 하는데, 이를 위해서는 이자율을 높여 외국자본을 끌어들여야 하는 것이다.

현실적으로 경상수지가 적자인 나라는 대부분 이자율이 상대적으로 높은 편이다. 다만, 달러가 국제 기축통화인 미국은 예외이다. 미국은 경상수지가 대규모 적자를 기록함에도 불구하고 자본수지가 흑자를 기록함으로써 이자율이 상대적으로 낮은 수준을 유지하고 있다.

우리나라는 다른 대부분의 나라와 마찬가지로 국제수지 특히 경상수지가 적자였던 과거에는 이자율이 비교적 높았다. 가까운 과거만 보더라도 1994년부터 1997년까지는 경상수지가 적자를 기록했는데 이때는 콜금리, CD수익률, 회사채수익률, 국채수익률 등 모든 시장금리가 두 자리 숫자를 기록했다. 반면에 경상수지가 흑자를 기록하면 이자율은 떨어진다. 우리나라 금리가 지금처럼 한 자리 숫자로 떨어진 것은 경상수지가 대규모 흑자를 기록하기 시작한 1998년 이후의 일이다. 경상수지가 흑자를 기록하면 유동성이 그만큼 풍부해지므로 이자율은 떨어진다.

아래 표에서 보듯이 경상수지가 악화되거나 적자였던 1990년대 중반까지는 이자율이 대체로 10%를 훌쩍 넘었다. 1997년 말에 외환위기까지 닥치자 기준 금리가 1998년 1월에는 무려 25%까지 폭등하기도 했다. 물론 이때의 이런 높은 이자율은 IMF가 우리 정부에 강력한 긴축정책을 요구한 결과였다. 이자율을 높여야 외국자본 유입이 더 활발해지고, 이 경우에 IMF가 우리나라에 구제금융을 해줬던 자금을 쉽게 상환받을 수 있었기 때문이다.

최근의 연평균 이자율(콜금리)과 경상수지(억 달러) 추이

구분	1996	1997	1998	1999	2000	2001	2002	2003	2004	2005	2006	2007	2008	2009	2010	2011	2012
이자율	12.4	13.7	14.9	4.9	5.1	4.6	4.2	4	3.6	3.3	4.2	4.8	4.6	2	2.2	3.1	3.1
경상수지	-230	-82	426	245	148	84	75	156	323	186	141	218	32	328	294	261	431

자료: 조사통계월보 각호, 한국은행

고금리 정책은 IMF가 우리나라에만 요구한 것이 아니다. 외환보유고가 고갈되어 외환위기에 처했던 다른 나라에도 모두 마찬가지였다. 그 이유는 외국자본을 더 많이 유치하기 위해서였다. 외국자본을 더 많이 유치하면 외환보유고 고갈사태에서 단기간에 벗어날 수 있다. 또한 금리를 높이면 경기가 위축되고, 경기가 위축되면 수입이 줄어 경상수지가 개선되며, 이에 따라 외환보유고 고갈사태를 극복하는 데에 도움을 받는다. 고금리가 급속한 경기후퇴를 불러옴으로써 경제적 고통은 커지지만, 외환보유고가 확충되지 않으면 외환위기는 더 오래 지속되고, 경제난은 더 극심해지며 장기화하기 마련이다. 실제로 1980년대에 중남미 국가들은 10년 이상 경제난을 겪은 바 있다.

우리 경제에서는 경상수지가 1998년에 매월 30억 달러 내지 40억 달러 대의 흑자를 기록하자 이자율도 꾸준히 떨어져 그해 연말에는 7%까지 떨어졌다. 그 이듬해인 1999년에는 경상수지가 245억 달러라는 대규모 흑자를 기록하자, 이자율은 연평균 4.9%로 떨어졌다. 그 후로도 경상수지 흑자가 지속되고 2003년부터 2005년까지는 흑자 규모가 매년 100억 달러를 훌쩍 넘어서자 2005년에는 이자율이 연평균 3.3%까지 떨어졌다. 이후 경상수지가 크게 줄어 2006년에는 36억 달러를 보이자 이자율도 상승으로 돌아섰다.

2008년에는 경상수지 흑자가 32억 달러로 줄었음에도 이자율은 4.6%로 오히려 떨어졌는데, 그 이유는 정책적으로 금리를 인하했던 데 있다. 2008년 하반기에 들어선 뒤부터 경기가 갑자기 빠르게 하강하자, 정책당국이 국내경기를 부양하기 위해 인위적으로 이자율을 대폭 인하했던 것이다. 실제로 연초에 약 5.0%였던 이자율이 8월에는 5.2%로 올랐는데, 한국은행은 10월부터 기준금리를 꾸준히 낮췄고 연말에는 3.0%까지 떨어뜨렸다. 그래도 경기가 살아나지 않자 2009년 2월에는 이자율을 2.0%로 낮췄다. 그 뒤로도 한국은행은 경기부양을 위해 기준금리를 낮은 수준으로 유지했다.

넷째, 경상수지가 대규모 적자일 때는 정책적으로 더 큰 규모의 외채를 도입함으로써 자본수지가 흑자를 기록하기도 한다. 경상수지가 적자라면 그만큼의 외환이 외국으로 이탈하고 결국은 외환보유고가 고갈되기 때문에 외채를 정책적으로 도입하지 않을 수 없다. 대표적으로 1996년에는 경상수지가 230억 달러의 적자를 기록했는데 자본수지는 233억 달러의 흑자를 기록했다. 외채를 대규모로 들여와 경상수지 적자를 메웠던 셈이다.

이런 경우는 외채가 누적되면서 더 큰 문제를 일으킨다. 외채가 지나치게 누적되면 언젠가는 외채 상환이 불가능해질지 모른다는 불안감을 조성하고, 이에 따라 환율이 상승하면서 환차손을 발생시킴으로써 외채를 서둘러 상환하거나 상환받으려는 움직임이 일어나며, 이런 움직임이 결국은 외환보유고를 고갈시킨다. 1998년에 우리나라가 겪었던 외환위기는 이렇게 터졌다. 이것은 외환위기를 겪은 나라들에서 공통적으로 벌어졌던 현상이다.

그밖에 정치가 불안할 때나 경제가 파국적인 위기로 치달을 때는 국내자본이 해외로 탈출하곤 하는데, 이것도 자본수지에 악영향을 끼친다. 1960년대에 개도국에서 군사쿠데타가 빈발했을 때는 국내자본의 해외 탈출이 흔하게 벌어짐으로써 경제가 파국적인 위기에 자주 직면했다. 특히 정치적 격변과 함께 경제적 위기를 자주 맞았던 1970년대부터 1980년대까지의 중남미 국가들에서는 국내자본의 해외 탈출이 외환보유고의 고갈을 가속시켜 아주 심각한 외환위기를 일으킨 바 있다.

이런 사태는 경제적인 문제와는 거리가 있으므로 더이상 언급하는 것은 경제학의 범위를 벗어난다. 하지만 정치적 불안도 국내자본의 해외 탈출을 조장함으로써 국제수지에 절대적인 영향을 끼친다는 점만은 거듭 강조해둔다. 이런 의미에서도 정치적인 안정을 이룩할 수 있는 전제조건 중 하나인 민주주의의 정착은 국가경제의 장래를 좌우할 정도로 중요하다.

경상수지는 먼저
가격경쟁력이 결정한다

　이제 경상수지에 대해 살펴보자. 경상수지가 흑자라는 것은 상품과 용역의 수출이 수입보다 더 많다는 것을 뜻하고, 이것은 국제경쟁력이 다른 나라들에 비해 상대적으로 더 뛰어나다는 것을 뜻한다. 바꿔 말해, 국제경쟁력이 뛰어나야 수출이 수입보다 더 많아져 경상수지는 흑자를 기록한다.

　그런데 국제경쟁력은 크게 두 가지로 구성되어 있다. 그 하나는 가격경쟁력이고 다른 하나는 품질경쟁력이다. 가격경쟁력과 품질경쟁력이 모두 높거나 둘 중 하나가 더 높으면 국제경쟁력이 높다는 것을 의미한다. 이 둘의 구분은 곧 살펴볼 것처럼 아주 중요하다. 현 경제학이 그 구분을 지금껏 외면해왔기 때문에 더욱 중요하다. 그럼 가격경쟁력과 품질경쟁력은 무엇이 결정할까?

　우선, 가격경쟁력은 국내 물가상승률이 다른 나라에 비해 상대적으로 낮을 때에 높아지며, 생산성의 향상속도가 다른 나라에 비해 상대적으로 빠를 때도 높아진다. 이 둘의 상호작용이 가격경쟁력을 결정한다. 물가상승률이 높더라도 생산성 향상속도가 상대적으로 더 빠르면 가격경쟁력은 향상되고, 반대로 물가상승률이 낮더라도 생산성 향상속도가 상대적으로 더 느리면 가격경쟁력은 떨어진다. 그런데 생산성 향상속도가 느릴 때 즉, 경제성장이 정체해있을 때는 물가상승률이 가격경쟁력을 결정적으로 좌우한다. 이런 사실은 우리나라 경제사가 여실히 증명했다.

　해방 이후 극심한 경제난과 물가불안에 시달리던 우리 경제가 도약의 기반을 다졌던 것은 폭발적인 물가불안을 잠재운 1957년 이후부터였다. 1950년대 중반까지는 물가상승률이 천문학적이었다. 쌀 한 가마의 가격은 1946년의 3.6원에서 1952년에 465원으로 6년 사이에 130배가 상승했고, 1957년에는 1,591원까지 상승하여 11년 사이에 무려 440배 이상 폭등하였다.[22] 쌀값 이외의 물가 역시 폭발적으로 상승했으며, 당시의 물가상승률은

22　한국개발연구원, 『한국경제 반세기 정책자료집』, 1995, p.24.

숫자로 표현하는 것이 의미가 없을 정도였다. 물가가 이렇게 불안하면 성장은 기대하기 어렵다는 것은 세계사적인 경험이다.

해방 이후 우리 경제가 크게 의존했던 미국의 무상원조는 1950년대 중반부터 차츰 줄어들었다. 자력으로 갱생을 도모하지 않을 수 없었다. 국민의 삶에 필수적인 자원과 상품을 우리 돈으로 해외에서 사와야 했으며, 이를 위해서는 외화가 필요했다. 외화를 획득하려면 수출을 촉진해야 했고, 수출을 촉진하려면 가격경쟁력을 확보해야 했으며, 이를 위해서는 물가안정이 필수적이었다. 그래서 재정긴축과 통화긴축에 나섰고, 이 정책은 폭발적인 물가불안을 잠재우는 효과를 나타냈다.

그동안 종종 수백 퍼센트씩 올랐던 소비자물가 상승률이 1956년과 1957년에는 각각 20%대로 떨어졌다. 물가가 이처럼 다소 안정되자 1957년 성장률은 이례적으로 높은 7.6%를 기록했다. 이런 높은 성장률이 국내경기를 과열시켜 수출을 감소시켰지만, 국내경기는 과거에 볼 수 없던 활황을 보였다. 그러자 더 강력한 긴축정책이 펼쳐졌고, 1958년 연말에는 소비자물가상승률이 -3.1%를 기록했다. 이런 물가하락이 기업의 경영수지를 악화시켜 경기를 잠시 하강시켰으나 그리고 이에 따라 투자가 축소되고 비관적 분위기가 조성되면서 수출까지 일시적으로 감소했으나, 그래도 성장률은 비교적 양호한 5.5%를 기록했다.

위와 같이 물가가 안정되면서 국제경쟁력이 살아남에 따라 1959년부터는 수출이 비약적으로 증가하여 우리 경제는 드디어 본격적인 성장가도에 들어섰으며, 국제수지도 흑자를 기록했다. 물가안정이 수출의 폭발적 증가에 결정적인 계기를 마련해줬던 셈이다. 1960년에는 부정선거의 여파로 사회불안이 심각해져 성장률이 1.9%로 떨어졌으나, 아래 표에서 보듯이, 1961년에는 4·19 혁명이 터졌음에도 불구하고 4.8%라는 비교적 높은 성장률을 회복했다. 5.16쿠데타가 발생한 직후에는 정책실패가 줄을 이으면서 성장률이 뚝 떨어졌는데, 다행히 1963년부터는 다시 수출이 급증하면서 성장률도 크게 높아졌다. 물가안정이 어느 정도 유지되었기 때문이다.

1956~1965년의 성장률, 소비자물가 상승률, 수출증가율 추이(%)

구분	1956	1957	1958	1959	1960	1961	1962	1963	1964	1965
성장률	0.4	7.7	5.2	3.9	1.9	4.8	3.1	8.8	8.6	6.1
물가상승률	22.5	23.1	-3.1	4.3	8.3	8.0	6.5	20.7	26.5	13.6
수출증가율	36.7	-9.8	-25.7	20.0	65.7	24.7	34	58.4	37.2	47.0

자료: 조사통계월보 1975년 7월호, 한국은행

위에서 살펴본 것처럼 생산성 향상이 정체해있을 때는 물가

안정이 가격경쟁력을 향상시키는 것은 물론이고 경제성장의 기폭제로 작용한다. 물가가 안정되면 경제활동이 활발해짐과 동시에 수출의 가격경쟁력은 향상되고, 가격경쟁력이 향상되면 수출은 증가함으로써 경제의 안정적인 성장을 불러온다. 반면에 생산성 향상이 상대적으로 빠르게 이뤄질 때는 물가상승률이 지나치게 높지 않다면 국제경쟁력을 유지시키거나 향상시킨다.

실제로 우리 경제가 본격적인 성장가도에 들어선 다음인 1963년과 1964년에는 물가상승률이 20%를 다시 넘었음에도 수출증가율은 각각 58%와 37%를 기록했으며, 성장률 역시 각각 8.8%와 8.6%라는 훌륭한 실적을 기록했다. 물론 이런 높은 물가상승률이 가격경쟁력을 떨어뜨려 국제수지를 악화시킨 것도 사실이다. 1963년의 경상수지는 1억4천만 달러의 적자를 기록했는데, 이것은 당시 수출액보다 1.6배나 더 큰 규모였다. 당연히 외환보유고는 고갈 직전에 이르러 외환위기가 발생했다.

그 직후에는 외환위기를 극복하기 위해 안정화 정책이 펼쳐졌으며, 물가상승률은 1965년에 10%대로 다시 떨어졌다. 물가가 이렇게 다소 안정을 찾아가자 수출증가율은 1970년대 초반까지 매년 30~40%를 기록하며 우리 경제가 장기간 도약하는 데에 디딤돌로 작용했다. 특히 1966년부터 1975년까지 10년 동안의 연평균 성장률은 9.3%에 달할 정도로 기적적인 실적을 이룩했다.

그동안 소비자물가 상승률은 연평균 13.9%에 이르러 비교적 높았지만, 이런 물가불안을 이겨내고도 놀라운 경제기적을 일궈냈다. 이처럼 물가가 웬만큼 불안하더라도 생산성 향상속도가 빠르면 국제경쟁력은 유지된다. 생산성의 향상과 그 속도는 그만큼 중요하다. 다시 말해, 1960년대 중반 이래 우리나라는 산업고도화를 통해 생산성을 획기적으로 향상시킬 수 있었던 것이다.

1966~1975년의 성장률, 소비자물가 상승률, 수출증가율 추이(%)

구분	1966	1967	1968	1969	1970	1971	1972	1973	1974	1975
성장률	12.7	6.6	11.3	13.8	7.6	8.6	5.1	13.2	8.1	6.4
물가상승률	11.4	10.2	11.0	12.4	15.4	14	11.7	3.0	24.3	25.4
수출증가율	42.9	27.9	42.2	36.7	34.2	27.8	52.1	98.6	38.3	13.9

자료: 경제통계연보 1991년, 한국은행
* 1973년 소비자물가 상승률은 지표구성의 변경을 통해 인위적으로 낮춘 실적이다

품질경쟁력이 경상수지를 결정하기도 한다

국제경쟁에서는 가격경쟁력도 중요하지만, 품질경쟁력은 더욱 중요하다. 설령 가격경쟁력이 다소 떨어지더라도 품질경쟁력의 향상속도가 가격경쟁력 약화보다 상대적으로 더 빠르면 국제경쟁력은 높아진다. 실제로 환율이 2002년부터 2007년까지 꽤 장기간 지속적으로 떨어짐으로써 수출의 가격경쟁력은 그만큼 떨어졌지만, 수출은 오히려 크게 증가했고 국제수지도 대규모 흑자를 기록했다. 그 주요 원인은 품질경쟁력이 높아짐으로써 국제경쟁력을 충분히 유지했던 데 있다. 이 문제를 구체적으로 살펴보자.

연평균 환율은 2001년의 1,291원에서 2007년에는 929원으로 28%나 하락했고, 수출의 가격경쟁력도 그만큼 계속 떨어졌다. 하지만 수출은 그 6년 사이에 약 2.5배 증가하여 평균적으로 매년 17%씩 증가했다. 그 기간 동안 경상수지는 최소 75억 달러, 최대 323억 달러라는 대규모 흑자를 기록했다. 왜 이처럼 이해하기 어려운 일이 벌어졌을까? 환율이 지속적으로 떨어져 수출가격을 상승시킬 수밖에 없었는데, 어째서 수출은 이처럼 크게 늘어나고 경상수지는 대규모 흑자를 기록했을까? 당연히 품질경쟁력의 향상속도가 그만큼 빨랐기 때문이다. 품질경쟁력의 상승이 수출가격의 지속적인 인상을 가능케 했고, 이것이 수출을 증가시키고 국제수지도 흑자를 기록하게 했다.

그럼 품질경쟁력은 왜 그처럼 빠르게 향상됐을까? 환율이 점진적으로 하락하면 기업의 수익률은 떨어지는데, 기업은 이것을 이겨내기 위해 생산성 향상과 품질 향상 그리고 신제품과 신기술의 개발 등에 적극적으로 나서지 않을 수 없기 때문이다. 경쟁력을 향상시키지 않으면 기업은 살아남을 수 없다. 이런 사실은 아래 표에서 쉽게 확인할 수 있는데, 환율이 하락할 때 수출은 장기적으로 오히려 더 크게 증가했다. 반대로 환율이 상승할 때는 수출이 장기적으로 오히려 줄거나 그 증가율이 낮아졌는데, 이런 때는 이익이 증가하므로 기업은 기술개발이나 생산성 향상을 위해 굳이 위험한 투자를 감행할 필요가 없다. 이런 현상은 1990년대 이후에 두드러지게 나타났다.

연평균 환율(원/달러)과 수출(억 달러) 추이

구분	1998	1999	2000	2001	2002	2003	2004	2005	2006	2007	2008	2009	2010	2011	2012
환율	1,399	1,190	1,131	1,291	1,251	1,192	1,145	1,024	956	929	1,103	1,276	1,156	1,108	1,127
수출	1,323	1,437	1,723	1,504	1,625	1,938	2,538	2,844	3,255	3,715	4,220	3,635	4,664	5,552	5,479

자료: 조사통계월보 2013년 2월호, 한국은행

물론 환율의 하락 속도가 국제경쟁력의 향상속도보다 더 빠르면, 경상수지는 적자로 돌아선다. 따라서 환율의 하락 속도가 국제경쟁력의 향상속도보다 지나치게 빠르지 않도록 유지하는 것은 국가경제의 지속적인 안정과 번영을 위한 필수조건이다. 실제로 국제경쟁력의 향상속도가 비교적 빠르게 높아질 때에 환율은 지속적으로 하락하곤 했다. 반면에 국제경쟁력의 향상속도가 상대적으로 더 느려질 경우는 환율은 머지않아 상승으로 돌아서곤 했다. 그러므로 환율이 지속적으로 하락하고 있으면 국제경쟁력의 향상속도가 상대적으로 더 빠르다고 판단해도 무방하다.

정리하자면, 환율변동은 국제수지가 결정하고, 국제수지는 자본수지와 경상수지로 구성된다. 그중 자본수지는 근본적으로 성장잠재력이 결정하고, 경상수지는 국제경쟁력이 결정한다. 그런데 성장잠재력과 국제경쟁력은 동의어나 마찬가지이다. 아니, 국제경쟁력은 성장잠재력의 일종이라 부르는 게 타당하다. 왜 그럴까? 이것은 좀 복잡한 문제이지만, 정확하게 이해해두면 환율의 변동은 물론이고 경제의 흐름을 읽어내는 데에 적잖은 도움을 받을 수 있다. 지금부터는 이 문제를 풀어보자.

국제경쟁력과 성장잠재력은
무엇이 결정하는가

잠재성장률은 지속가능한 최고의 성장률을 뜻한다. 다시 말해, 성장의 지속을 불가능하게 하는 일이 벌어지지 않는 가운데 기록한 최고의 성장률이 잠재성장률이다. 그럼 어떤 경우에 성장의 지속이 불가능해질까? 일반적으로 물가가 불안해지면 성장은 지속가능하지 못한 것으로 알려져 있지만, 이것은 미국에만 해당할 따름이다. 다른 나라에서는 중요한 변수가 하나 더 여기에 가세한다. 그것이 바로 국제수지 악화이다.

미국 달러는 국제 기축통화이므로 국제수지 악화가 미국의 성장을 제약하는 일은 좀처럼 나타나지 않는다. 오히려 미국의 국제수지 적자는 국제교역에 필요한 통화를 세계경제에 공급하는 역할을 한다. 그래서 미국의 국제수지가 적자여도 달러 가치는 하락하지 않거나 오히려 상승하기도 한다. 세계경제가 성장함에 따라 국제교역의 확대에 필요한 달러의 수요도 증가하기 때문이다. 그뿐만 아니라 국가경제의 안정을 위해서는 일정 수준 이상의 외환보유고가 필요한데 그 축적을 위한 달러 수요까지 증가한다. 그래서 미국은 국제수지 적자가 지나치게 크지만 않으면 경제성장이 제약을 받지 않는다.

실제로 미국은 2008년 금융위기 직전까지 매년 수천억 달러의 경상수지 적자를 기록했으나 달러 가치는 비교적 안정적이었고 성장률은 당시 일본이나 유럽에 비해 상대적으로 더 높았다. 유럽연합EU의 통화인 유로도 마찬가지로서 최소한 유럽에서는 그리고 유럽과의 교역에서는 국제 기축통화의 역할을 한다. 그래서 유럽연합에 속한 나라는 국제수지가 대규모 적자를 기록하더라도 경제성장이 제약받는 경우는 드물었다. 예를 들어, 스페인은 경상수지 적자가 2008년에 GDP의 9.6%를 기록했음에도 파국적인 외환위기는 일어나지 않았다. 물론 그리스 사태가 터진 뒤에는 심각한 경제난을 겪었는데, 이것은 그리스의 외환위기가 전염된 탓이었다.

다른 나라는 사정이 전혀 다르다. 국제수지 적자가 지속적으로 누적되면 경제성장의 지속은 불가능해지고 만다. 경상수지가 적자일 때는 자본수지 흑자를 통해 즉, 외채도입을 통해 그것을 보전할 수 있지만, 이것은 지속가능한 일이 아니다. 외채는 무한정 늘어날 수 없으며 언젠가는 갚아야 한다. 그렇다고 외국자본의 국내 유입이 불필요하다거나 나쁘다는 것은 아니다. 경제가 감당할 수 있는 수준의 외채도입이나 외국자본의 국내투자는 오히려 경제성장을 촉진하는 역할을 한다. 외채의 도입과 외국자본의 유입은 해외 소득의 국내 이전을 의미하고, 이것은 국내수요를 증가시켜 성장률을 높이는 역할을 하는 것이다. 하지만 지나치게 큰 자본수지 적자는 외환보유고를 고갈시키거나 환율을 단기간에 크게 상승시키기도 한다.

만약 외환보유고가 고갈되면 우리나라가 1998년에 겪은 바처럼 극심한 경제난을 동반하는 외환위기를 당해야 한다. 설령 외환보유고의 고갈위기는 당하지 않더라도 환율의 급등은 막을 수 없다. 외채의 누적은 지속가능하지 못하므로 장차 환율이 상승할 것이라는 전망을 낳고, 이것이 환차손을 일으켜 자본수지를 적자로 돌아서게 함으로써 환율을 급등시키는 작용을 한다. 만약 환율이 크게 상승하면 석유같은 에너지는 물론이고 각종 공업용 자원과 식량 자원의 수입가격을 크게 올림으로써 물가를 불안하게 하며, 물가가 불안해지면 아무리 낮은 성장률이라도 지속가능하지 못하게 된다.

사실 우리나라가 1997년 말에 외환위기를 당했던 가장 직접적인 원인은 잠재성장률에 대한 미국식의 정의 때문이었다. 미국에서 직수입한 경제정책에 몰입했던 정책당국은 물가만 불안해지지 않으면 성장률은 높을수록 좋다고 여겼으며, 통화 팽창과 재정 팽창을 통해 성장률을 크게 높였다. 화폐발행증가율은 1993년에 42%에 이르렀고, 재정지출 증가율은 1995년에 43%에 달했으며, 이런 적극적인 경기부양 정책에 힘입어 1994년과 1995년의 성장률은 각각 9.2%와 9.6%를 기록했다.

때마침 수입개방이 지속적으로 확대되었으므로 물가불안은 일어나지 않았다. 값싼 수입품이 국내물가를 안정시켜줬던 셈이다. 그래서 정책당국과 경제전문가 사회는 그런 높은 성장률이 지속가능할 것으로 여겼다. 하지만 이것은 지속가능한 일이 아니었다. 국제수지 적자가 지나치게 큰 규모로 누적되었고, 결국은 외환위기가 터졌다. 한마디로, 미국 경제학을 무분별하게 도입한 결과가 외환위기를 부르고 말았던 것이다.

결론적으로 경제성장을 지속가능하지 못하게 만드는 가장 결정적인 변수로는 물가불안과 함께 국제수지 악화를 꼽을 수 있다. 국제수지가 지속적으로 악화되면 결국은 외환위기를 겪어야 하고, 이 경우에는 우리나라가 겪었던 것처럼 성장률이 추락한다. 실제로 외환위기가 터졌던 1998년에 우리 경제는 −5.5%의 성장률을 기록했다. 국제수지는 지속가능한 성장에 그만큼 중요한 역할을 한다. 더욱이 국제수지 악화는 환율을 상승시켜 수입물가를 상승시킴으로써 물가불안을 부르기도 한다. 이 물가불안은 구매력을 위축시킴으로써 성장률을 떨어뜨리는 역할을 한다. 이래저래 국제수지 악화는 성장을 지속가능하지 못하도록 한다. 이처럼 국제경쟁력이 약화되면 성장잠재력도 떨어지므로, 국제경쟁력은 성장잠재력의 일종이라 봐도 무방하다.

이 기회에, 용어의 혼란을 피하기 위해서, 국제경쟁력과 성장잠재력이 경제현실에서 구현된 지속가능한 성장률을 잠재성장률로 정의하는게 좋겠다. 그럼 잠재성장률은 무엇이 결정할까? 현재의 주류경제학은 생산요소인 노동, 자본, 자원(토지), 기술 등이 잠재성장률을 결정한다고 가르친다. 생산요소들이 증가하면 잠재성장률도 커진다고 보는 것이다. 그렇지만 기술을 제외한 생산요소들은 이미 주어진 여건이나 다름없다. 주어진 경제여건이 비슷하더라도 성장률은 나라에 따라 혹은 시대에 따라 큰 차이를 보이는 게 현실이다.

도대체 무엇이 이런 차이를 초래할까? 한마디로, 생산요소의 생산성이 그런 차이를 초래한다. 노동, 자본, 자원 등의 수량이 상대적으로 더 느리게 증가하더라도 생산성 향상속도가 더 빠르면, 성장률은 더 높아진다. 경제성장이란 산출의 증가를 의미하고 산출의 증가는 생산요소의 수량과 그 생산성이 곱해져서 현실에 나타나므로, 이것은 당연한 이치이다. 그럼 생산성은 무엇이 결정할까? 크게 두 가지를 들 수 있다. 그 하나는 과학적 기술수준이고, 다른 하나는 경제적 기술수준이다. 이 둘을 구체적으로 살펴보자.

　　우선, 과학적 기술수준이란 어떤 재화를 생산할 수 있는 과학적인 능력을 의미한다. 과학기술의 발전은 높은 부가가치를 창출할 재화의 생산을 가능케 하고 그 품질을 제고하여 높은 가격을 받게 함으로써 생산성을 근본적으로 향상시킨다. 이것은 널리 알려진 사실이므로, 더이상 자세히 언급할 필요는 없을 것이다. 그런데 경제성장에 기여할 과학기술의 발전은 정책이 앞장서서 이끌기는 어렵고, 뒤에서 지원하는 게 효과적이다. 어느 과학기술이 경제성장에 기여할 지를 미리 판단하기가 사실상 어렵기 때문이다. 그리고 일반적으로는 정책당국의 역량이 시장의 기능보다 더 유능하지 못한 것도 중요한 원인이다. 그러므로 과학기술의 발전은 경제정책의 변수라고 보기 어렵다.

오히려 과학기술의 발달은 경제성장의 원인이 아니라 결과라고 보는 게 타당하다. 경제성장은 이익을 키우고, 이익은 자본을 더 많이 축적시켜 과학기술의 발달을 촉진하는 것이 보통이다. 더욱이 과학기술에 대한 투자는 이익이 증가할 때에 비로소 이뤄지는 특성을 지녔다. 만약 경기가 부진하여 이익이 감소할 때에 과학기술에 대한 투자를 감행하면 자칫 도산할 수도 있다. 따라서 과학기술의 발달은 잠재성장률 향상의 결과로 보는 게 옳다. 역사적으로도 과학기술이 먼저 발달한 사례는 찾아보기 어렵다. 오히려 경제가 먼저 성장을 시작한 뒤에 과학기술이 발전했다.

다음으로, 경제적 기술수준이란 어떤 재화를 얼마나 싼 값에 생산할 수 있느냐를 뜻한다. 현실에서는 과학적 생산능력을 갖추고도 경제적 기술수준이 낮아서 생산이 이뤄지지 못하는 경우가 허다하다. 예를 들어 러시아는 과학적 기술수준에서 한때 세계 최첨단에 속했지만, 각종 전자제품이나 기계제품이나 화학제품 등의 생산은 뒤처졌다. 경제적 기술수준이 낮았기 때문이다. 다시 말해, 최신 전자제품이나 기계제품이나 화학제품 등을 생산하는 비용이 지나치게 높아 가격경쟁력을 확보할 수 없었던 것이다.

그럼 경제적 기술수준은 무엇이 결정할까? 여기에는 여러 변수가 작용하지만, 그중에서도 가장 결정적인 역할을 하는 것은 공공부문의 비중이라는 것이 우리 경제사와 세계 경제사를 연구하면서 내가 얻은 결론이다. 참고로, 피터 터친Peter Turchin은 『제국의 탄생』에서 "사회상층부가 지나치게 무거워지면 제국은 그 부담을 이겨내지 못하여 경제난을 초래하고, 이것이 빈부격차를 키움으로써 사회적 결속력을 떨어뜨리면 결국은 내란이나 붕괴위기를 초래한다"라고 여러 역사적 사례들을 들어 반복적으로 주장했다. 그가 지적한 사회상층부는 체제의 관리부문을 구성하는 공공부문이라 봐도 좋을 것이다. 실제로 공공부문의 비중이 상대적으로 적어질 경우에는 생산요소의 생산성 즉, 잠재성장률은 더 커지고, 공공부문의 비중이 상대적으로 더 커질 경우는 생산요소의 생산성 즉 잠재성장률은 더 적어진다.

그렇다고 노동, 자본, 자원 등의 생산요소가 중요하지 않다는 것은 아니다. 노동, 자본, 자원 등의 양이 증가하는 것도 중요하고, 그 질이 향상되는 것은 더 중요하다. 하지만 노동, 자본, 자원 등의 생산요소는 기술과 마찬가지로 경제가 상대적으로 더 빠르게 성장할 경우에 그 양과 질이 향상되곤 한다. 물론 노동의 경우는 소득이 높아질수록 출산율이 낮아지는 경향이 나타나 그 공급이 줄기도 하지만, 노동의 질이 향상됨으로써 성장을 촉진하며, 노동의 대체를 위한 기계화, 자동화, 정보화, 인공지능화 등도 촉진한다. 따라서 잠재성장률을 좌우하는 결정적인 변수는 공공부문이라고 할 수 있다.

환율변동에서도 공공부문은 결정적인 역할을 한다. 환율을 결정하는 것은 성장잠재력과 국제경쟁력이기 때문이다. 실제로 세계경제의 패권을 둘러싼 역사를 살펴보면 이점은 확연히 드러난다. 공공부문이 크게 확장할수록 국제경쟁력과 성장잠재력은 떨어지며 국제경쟁에서 패배하였고, 결과적으로 경제가 쇠락의 길로 들어서곤 했다. 폴 케네디가 그의 저서 『강대국의 흥망』에서 '대외팽창의 과잉'을 국가의 쇠락을 결정하는 근본적인 변수로 여겼던 이유가 여기에 있을 것이다. 역사적으로도 이것은 이미 증명된 사실이다.

국제경쟁력과 환율 중에서
어느 것이 앞서가는가

경제에는 독립적인 변수가 아무것도 없다고 해도 틀린 말은 아니다. 모든 경제변수는 크든 작든 서로 관련을 맺고 있다. 그중에서도 어떤 변수들은 서로 밀접한 인과관계를 맺고 있다. 어느 한 변수가 원인으로 작용하여 특정 변수의 변화를 빚어내면, 이 결과는 다시 원인으로 작동하여 새로운 결과를 낳는다. 이런 계기적인 변동이 끊임없이 반복되면서 우리 눈앞에 벌어지는 경제현상을 만들어낸다. 국제경쟁력과 환율은 이런 계기적인 변동을 일으키는 대표적인 변수이다.

국제경쟁력이 다른 나라들에 비해 상대적으로 더 높으면 국제수지는 흑자를 나타내며, 그러면 외환의 공급이 늘어나 환율은 하락한다. 국내 통화의 대외가치가 이처럼 높아지면 물가는 안정된다. 그리고 국제수지가 흑자를 기록하면 국부는 더 많이 축적되며, 이런 자본축적의 증가는 이자율을 낮추고 투자를 활성화시켜 국제경쟁력을 향상시킨다. 국제경쟁력의 향상은 다시 국제수지 흑자를 키운다. 경제성장의 기적을 일으켰던 나라들은 거의 모두 이런 과정을 거쳤다. 세계대전 후의 독일과 일본도 그랬고, 우리나라를 비롯한 아시아의 네 마리 용도 그랬다.

하지만 그 반대의 경우도 현실에서 종종 나타난다. 만약 통화의 대외가치가 지나치게 빠르게 상승하면 즉, 환율이 지나치게 빠르게 하락하면, 수출의 가격경쟁력은 떨어지고 수입의 가격경쟁력은 높아져 국제수지는 적자로 돌아서기도 한다. 국제수지가 적자를 기록하면 환율은 상승하고 물가는 불안해지며, 국부가 유출되면서 경기는 부진해지고 국제경쟁력은 취약해진다. 그리고 국제경쟁력이 떨어지면 국제수지는 적자를 기록한다.

위와 같은 이율배반적인 현상을 어떻게 이해해야 할까? 즉, 국내 통화의 대외가치 상승이 어떤 경우에는 국제경쟁력을 키우는 데에 반해, 다른 경우에는 국제경쟁력을 잠식하기도 하는데, 이것을 어떻게 이해해야 할까? 그 답은 간단하다. 인과관계를 맺고 있는 경제변수들 사이에서 나타나는 속도의 차이가 이처럼 서로 다른 결과를 빚는다. 두 변수 중에서 어느 것이 앞서가는가를 살펴보면 위와 같은 이율배반적인 현상을 쉽게 이해할 수 있다.

만약 국제경쟁력이 앞서가고 통화의 대외가치가 뒤따라 상승하면, 이 경우에는 선순환이 발생한다. 국제경쟁력의 향상이 국제수지 흑자를 부르고, 이것이 통화의 대외가치 상승을 부르며, 통화의 대외가치 상승은 생산성 향상을 촉진하여 다시 국제경쟁력의 향상을 부른다. 반면에, 통화의 대외가치 상승이 앞서가고 국제경쟁력이 뒤따르면, 이 경우에는 악순환이 발생한다. 통화의 대외가치 상승이 국제경쟁력의 약화를 부름으로써 국제수지 악화를 낳고, 국제수지 악화는 국내자본과 소득의 해외유출을 일으켜 성장잠재력과 국제경쟁력의 약화를 부르며, 성장잠재력과 국제경쟁력의 약화는 국제수지의 악화를 부른다.

경제의 역사는 이런 인과관계의 계기적인 반복에 의해 기록됐다. 따라서 국제경쟁력의 향상이 통화의 대외가치 상승보다 뒤떨어지지 않게 하는 것이 국가경제의 지속적인 발전을 위해 어느 무엇보다 중요하다. 여기에 경제정책의 묘미가 있다. 통화의 대외가치가 국제경쟁력의 향상에 비해 상대적으로 더 빠르게 상승하지 않도록 정책적으로 조질하는 것이 지속적인 경제발전의 진제조건인 셈이다. 환율변동에 대한 정책적 대응이 경제발전에 있어서 중요한 의미를 갖는 이유가 바로 이것이다.

그런데 환율정책은 두 가지의 의미를 갖는다. 하나는 국내적 정책이고 다른 하나는 대외적 정책이다. 우선, 국내적으로는 통화의 대외가치 상승이 국제경쟁력 상승을 넘어서는 일이 벌어지지 않도록 정책적인 노력을 기울여야 한다. 이를 위해서는 무엇보다 먼저 국제경쟁력을 향상시키기 위한 노력을 지속적으로 기울여야 한다. 대외적으로는, 국내 통화가치의 하락 속도가 다른 나라들의 통화가치의 하락 속도보다 더 빠르지 않도록 정책적인 노력을 기울여야 한다. 즉, 물가가 다른 나라들에 비해 상대적으로 더 안정되도록 해야 하는 것이다. 만약 이 두 정책 중에 어느 하나라도 실패하면 그 나라는 쇠락의 길을 걷고, 두 정책이 모두 성공하면 그 나라는 번영의 길을 걷는다.

만약 환율이 국제경쟁력을 제 때에 충분히 반영하지 못하면 또 어떤 일이 벌어질까? 다시 말해, 국제경쟁력의 향상속도가 빠름에도 환율이 떨어지는 속도가 그것에 훨씬 못 미치는 일이 벌어지면 어떤 현상이 벌어질까? 당연히 국제수지 흑자는 점점 커진다. 국제수지 흑자가 커지면 자본축적이 점점 많아지고, 국내 투자의 수익성은 점점 떨어지며, 그러면 수익성이 상대적으로 더 높은 다른 나라에 대한 투자가 늘어난다. 이런 해외투자는 국내

소득의 해외이전을 의미한다. 국내소득이 이렇게 해외로 이전되면 국내 수요가 부족해짐으로써 국내경기는 부진해진다. 내수가 이처럼 부족해지면 기업은 물론이고 정부도 수출에 더욱 매달릴 수밖에 없다. 수출이 총수요를 지탱해주는 유일한 방법으로 남기 때문이다. 그래서 경상수지 흑자는 더 커지며, 결국은 악순환이 벌어지고 만다.

일본과 독일 경제가 1990년대 이후부터 최근까지 초장기 저성장 궤도에서 벗어나지 못했던 가장 중요한 이유가 여기 있다. 물론 독일은 2008년의 세계 금융위기 직후에 일시적으로 높은 성장률을 기록했는데, 유럽 각국의 자본이 금융시장이 안정적인 독일로 몰려갔기 때문이다. 하지만 유럽경제가 금융위기에서 벗어나 안정을 되찾으면서 이런 추세는 곧 역전되었다. 대만이 장기간 저성장에 시달리고 있는 이유도 마찬가지이다. 국제수지 흑자가 쌓이면서 해외투자가 늘어났고, 해외투자는 국내소득의 해외유출을 의미했다. 국내소득의 해외유출은 내수의 부족을 빚었고, 경기를 유지하기 위하여 수출에 더욱 목을 맬 수밖에 없었다. 대만은 일본과 독일의 전철을 그대로 뒤따랐던 셈이다. 환율정책은 그만큼 국가경제의 흥망성쇠를 결정할 정도로 매우 중요한 역할을 한다. 우리나라도 이 나라들의 전철을 밟고 있다.

우리나라 환율정책은
올바르게 시행되고 있을까?

앞에서 자세히 살펴본 것처럼, 이명박 정권이 2008년에 출범한 이래, 외환정책 당국은 어떻게든 환율을 끌어올려 수출의 가격경쟁력을 높이기 위해 치열하게 노력해왔다. 다시 말해, 국내 외환시장에서 외환을 사들여 환율이 높은 수준에서 유지되도록 하는 경제정책을 펼쳤던 것이다. 만약 정책적으로 끌어올린 환율이 계속 유지된다면 정부가 의도한 정책목표가 이뤄질 수 있겠지만, 과거에 항상 그랬던 것처럼 이것은 기대하기가 어렵다. 정책적으로 끌어올려진 환율은 시장의 힘에 의해 하락하곤 했던 것이 그동안의 경험이기 때문이다.

더 심각한 사실은, 우리나라 환율방어는 다음과 같은 여러 문제점을 안고 있다는 것이다. 첫째, 일반적으로 외환의 선물가격이 현물가격보다 비싸다. 예를 들어, 1개월 외환선물은 현물에 비해서 달러당 2원 정도 비싼 게 보통이다. 흔히 시간 위험이 반영된 것이라고들 말하지만, 이것은 틀렸다. 경상수지가 매년 대규모 흑자를 기록 중이기 때문이다. 심지어 2015년에는 경상수지 흑자가 1천억 달러를 넘었고 2016년에는 약간 줄었지만 1천억 달러에 육박하기도 했다. 그만큼의 외환이 국내 외환시장에 추가로 계속 공급되었으므로 환율은 장차 떨어질 것으로 보는 게 합리적이다. 따라서 선물이 현물보다 더 싸야 정상이다. 그럼 왜 선물이 현물보다 오히려 더 비쌀까? 환율이 장차 상승할 것이라는 신호를 시장에 보내기 위해 정책당국이 선물가격을 현물가격보다 더 높게 관리하기 때문이다.

이게 과연 바람직할까? 아니다. 이것은 국제 핫머니 즉, 국제 투기꾼에게 우리 외환시장에서 돈을 벌어가라고 유혹하는 것이나 다름없다. 선물가격은 결제시기가 다가올수록 현물가격으로 수렴하기 때문이다. 국제 핫머니는 국내 외환선물에 투자하면, 설령 환율이 현재 수준을 유지하더라도, 선물과 현물의 가격 차이만큼 안정적으로 돈을 벌 수가 있다. 이 방법으로 외국인이 주축인 현명한 투자사들은 국내 외환시장에서 큰 이익을 얻고 있으며, 이것은 공공연한 비밀이다. 그럼 그 이익은 누가 본 손실의 대가일까? 당연히 국민이 본 손실이고, 국가경제가 지불한 대가이다.

둘째, 국내 외환시장에는 현물시장이 없는 것도 심각한 문제 중 하나이다. 은행 간 거래의 현물가격이 고시되기는 하지만, 이것마저 일반 투자자에게는 5분 정도 늦게 알려진다. 이게 과연 외환시장의 안정을 위해 바람직할까? 아니다. 선진국은 대부분 현물시장에서 거래된 외환 가격이 곧바로 알려져도 우리나라 외환시장보다 훨씬 안정적이다. 현물가격이 바로 알려지지 않는 국내 외환시장이 더 불안정하고, 환율변동의 폭도 훨씬 크다. 국내 외환 선물시장이 열려 있음에도 불구하고 현물시장이 아직 열리지 않은 것은 어이없는 일이다. 그 바람에 정책당국은 역외 외환시장까지 관리하는 비용을 아주 비싸게 지불하고 있는 실정이다. 이것은 얼마나 한심한 일인가.

셋째, 최근에는 엔화 환율이 떨어질 때 원화 환율은 오히려 오르고, 엔화 환율이 오를 때 원화 환율은 오히려 내리는 일이 자주 벌어지는데, 이것 역시 아주 심각한 문제이다. 이것은 우리나라 외환당국이 국제 외환시장에서 벌어지는 다른 통화의 환율변동에는 눈을 감고 오직 우리 환율만 방어하느라 벌어진 일이다. 이것 역시 국제투기꾼에게 돈을 벌어가라고 유혹하는 것이나 다름없다. 예를 들어, 엔화 환율이 떨어지고 원화 환율이 오르면, 가치가 높은 엔을 팔아 가치가 떨어진 원을 사들이면 국제 핫머니는 위험부담을 크게 안지 않고도 돈을 벌 수 있다. 마찬가지로 엔화 환율이 오를 때에 원화 환율이 떨어지면, 가치가 높은 원을 팔아 가치가 떨어진 엔을 사들이면 국제 핫머니는 큰돈을 벌 수 있다. 반면에, 국내투자자는 이런 일을 할 수 없다. 이런 투자를 위해서는 외환매매가 필수인데, 그 수수료가 지나치게 비싸기 때문이다.

넷째, 외환당국은 역외시장에서 환율방어를 위해 국내은행의 계좌가 아니라 주로 외국 금융기관의 계좌를 동원한다고 알려져 있는데, 이것은 아주 중대한 문제이다. 이것은 외국인 투자자에게 우리 정책당국의 환율방어를 미리 알려줌으로써 국내 외환시장에서 큰돈을 벌어가라고 사주하는 것이나 마찬가지이기 때문이다. 물론 정부는 이 사실을 부정하지만 말이다.

다섯째, 우리 정부의 환율정책은 대체로 일본의 환율에 10:1로 고착시켜 집행해온 것이 그동안의 전통이었다. 최근에는 일본 엔화의 가치가 폭락함으로써 이 10:1의 비율이 무너지기는 했지만, 여진히 일본 엔화의 변동은 우리나라 환율정책의 기준이 되고 있다. 물론 최근에는 정책당국이 중국의 위안화의 가치를 참고하는 것은 사실이지만, 그래도 일본의 환율을 더 중요하게 여긴다.

이런 정책이 과연 바람직할까? 전혀 아니다. 일본은 벌써 30년 이상 초장기 경기부진을 겪고 있다. 여기에는 일본의 환율정책 즉, 엔저 정책이 큰 영향을 끼친 것이 틀림없으므로, 일본의 환율정책에 따라 우리나라의 환율을 관리하는 정책은 올바르다고 할 수 없다. 지금쯤은 일본의 환율정책에서 벗어나 우리나라 고유의 기준을 세워서 독자적인 환율정책을 수립할 때가 되었다. 일본의 환율정책에 따라 우리나라 환율을 관리했던 것이 수출역군의 피나는 노력으로 벌어들인 외환을 외환시장에서 연기처럼 사라지게 했기 때문이다. 한마디로, 우리나라 고유의 환율정책을 시급히 수립할 것을 요구하고 있다는 것이다.

여섯째, 환율방어에 따른 경제적 손실이 얼마나 심각한가에 대해서는 관련 경제전문가들조차 좀처럼 관심을 기울이지 않는 것은 무엇보다 더 심각한 문제이다. 이 기회에, 정부가 환율방어에 적극적으로 나섬에 따라 발생한 외환의 손실액을 대강이나마 아래와 같이 추산해보는 것도 의미가 있을 것이다.

우리나라의 경상수지 흑자 누적액은 1998년 이후부터 2021

년까지 총 1조118억 달러에 달했다. 그만큼의 외환이 국내에 유입되었던 셈이다. 그럼 이 외환은 어디로 갔을까? 우선, 2021년 말의 가용 외환보유고는 4,631억 달러이고, 순대외금융자산은 2,483억 달러였으며, 그 합계는 7,114억 달러였다. 이것이 우리나라가 보유하고 있는 총 외환보유고인 셈이다. 그렇다면 경상수지 누적액 1조118억 달러에서 총외환보유액 7,114억 달러를 제외한 3,004억 달러는 어디로 사라졌을까? 여기에서, 우리나라 기업들이 해외에 생산시설 등의 실물에 직접투자한 금액과 개인들이 해외자산을 매입하기 위해 유출한 금액(금융자산 투자를 제외한 금액) 등은 차감해야 하는데, 그리고 외국인의 국내 직접투자 역시 감안해야 하는데, 나는 이 통계들을 정확히 집계하지 못했다. 금융자산 투자와 실물자산 투자를 구분하기 어려웠기 때문이다.[23] 다만, 그 차감총액은 대략 2천억 달러 정도였을 것으로 추정할 수가 있다. 따라서 우리나라 수출역군들이 애써 벌어들인 약 1천억 달러 가량의 외환이 연기처럼 사라졌다고 볼 수 있다. 이 엄청난 손실의 과반은 이명박 정권에서, 나머지는 주로 박근혜 정권과 윤석열 정권에서 입은 것으로 추정된다.

그럼 1천억 달러 가량의 외환은 도대체 어디로 사라졌을까?

---

[23] 금융자산투자와 실물자산투자를 합계한 총액은 2005년부터 2021년까지 약 3,664억 달러였다.

역대 정권이 환율방어를 하기 위해 집행한 외환거래에서 그 대부분의 손실이 발생했고, 나머지는 이명박 정권이 해외자원투자를 대대적으로 벌이다가 발생한 손실이다.

참고로, 순대외채권은 4,479억 달러인데, 이것은 가용 외환보유고 4,631억 달러에 포함되어 있다. 그리고 기업과 개인 등의 민간이 보유하고 있는 외환은 순대외금융자산에 포함되어 있다. 그 밖에 중앙은행에 신고하지 않고 민간이 보유하고 있는 불법적인 외환은 위 통계에서 제외되어 있다.

그뿐만이 아니다. 정부의 환율방어는 우리나라 수출증가에도 부정적으로 작용했다. 이런 사실은 노무현 정권 당시의 환율정책이 여실히 증명한다. 간단히 그 내용을 먼저 밝히자면, 노무현 정권은 환율의 점진적인 하락을 용인했고, 이런 정책은 우리나라 수출을 오히려 증가시킨 것은 물론이고, 국제경쟁력까지 비약적으로 향상시킴으로써 경상수지 흑자를 크게 증가시켰던 것이다. 왜 그랬을까? 이제, 그 구체적인 이유와 그 결과를 본격적으로 살펴보도록 하자.

2001년 말에 1,326원이었던 우리 환율은 줄기차게 하락을 시작하여 2002년 말에는 1,200원까지 떨어졌다. 그러자 대부분의 국내 경제전문가들은 그만큼 수출경쟁력이 떨어져 조만간 우리나라 수출은 큰 타격을 입을 것이고, 그러면 국제수지도 적자로 돌아설 것이며, 자칫 제2의 외환위기가 터질 수도 있다고 우려했다. 언론들은 이런 우려를 대서특필하기도 했다. 그러나 노무현 정권은 이런 우려와 그런 보도에 흔들리지 않았고, 환율의 점진적인 하락을 용인하는 정책을 펼쳤다. 이 문제는 앞에서도 다뤘지만, 아주 중요하므로 좀 더 자세하게 재점검해보는 것도 의미가 있을 것이다.

그 결과 환율은 그 이후로도 매년 점진적이지만 지속적으로 떨어졌고, 2007년 10월 말에는 907원까지 떨어졌다. 2001년 말의 환율인 1,326원보다는 무려 31.6%가 떨어진 셈이었다. 우리 원화의 가치로는 무려 46.2%가 상승했다. 그럼에도 불구하고 우리나라 수출은 2001년의 1,504억 달러에서 2007년에 3,715억 달러로 약 2.5배 증가했다. 그 연평균 증가율은 약 17%에 달했고, 이것은 근래에 보기 드문 아주 높은 수준이었다.

왜 위와 같은 일이 벌어졌을까? 경제학의 국제무역이론은 환율이 상승하면 수출이 증가하고, 환율이 하락하면 수출이 감소한다고 가르치는데, 왜 그 반대 현상이 발생했을까? 한마디로, 현재의 국제무역이론이 틀렸기 때문이다. 왜 현재의 국제무역이론은 이처럼 틀렸을까? 경제현실에서 실제로 벌어지는 현상을 외면하고 오로지 머리로만 경제이론을 세우기 때문이다. 그럼 경제현실에서는 어떤 일이 벌어지고 있을까?

위에서 살펴본 것처럼 우리나라 환율이 매년 계속 떨어지기만 할 경우, 경제현실에서는 과연 어떤 일이 벌어질까? 당연히 수출기업들은 도산위기에 처할 수밖에 없다. 그러면 수출기업들은 어떻게 해야 도산위기에서 벗어날 수 있을까? 당연히 100달러짜리를 수출하던 기업은 최소한 150달러짜리를 수출해야 한다. 아니, 그동안 임금도 오르고 물가도 올랐으므로, 200달러짜리를 개발하여 수출하지 않으면, 기업들은 결국 망할 수밖에 없다.

그래서 당시에 기업들은 죽을힘을 다해 신제품 개발, 과학기술 개발, 생산성 향상, 불량률 축소, 생산성 높은 새로운 설비의 도입 등등, 필사적이고 적극적인 투자에 나설 수밖에 없었다. 그리고 이런 치열한 노력은 기업의 국제경쟁력을 과거보다 훨씬 더 크게 향상시켰다. 그 결과, 우리나라 수출은 환율이 지속적으로 떨어졌음에도 불구하고 크게 증가했다. 그리고 기업들의 국제경쟁력 향상은 국가경제의 국제경쟁력을 향상시킴으로써 이후 정권에서도 경상수지 흑자가 지속적으로 커지는 역할을 하기도 했다.

노무현 정권이 환율의 점진적인 하락을 용인하는 정책을 위와 같이 펼쳤던 데에는 내 역할이 조금이나마 있었을 것이라고 판단한다. 청와대에 불려갔을 때, 내가 노무현 당시 대통령에게 환율을 점진적으로 인하하는 정책을 직접 권고했던 것이다. 그의 대통령선거 과정에서 내 예측능력을 충분히 경험했기 때문에 위와 같은 내 정책제안을 쉽게 받아들였을 것이다.

사실, 환율을 점진적으로 인하하면, 기업들은 필사적인 노력을 기울여 살아남으려고 노력할 것이고, 그러면 국가경제의 국제경쟁력이 향상됨으로써 수출과 경상수지 흑자는 증가한다는 주장은 지금까지 세계 어느 경제학자도 주장한 적이 없다. 내가 아는 한 그렇다. 반면에, 재야에서 경제학을 연구해야 했던 나는 여러 직업을 전전해야 했으며, 그 경제현장에서 기업은 망하기 때문에 강하다는 사실을 여러 차례 절절히 겪었다.

끝으로 한마디만 덧붙이자면, 위와 같이 성공했던 노무현 정권의 경제정책은 이명박 정권이 들어선 다음에 폐기되고 말았다. 그 대신 환율을 인상시켜서 수출을 증가시키고 성장률을 높이겠다는 경제정책을 선택했다. 그 결과는 앞에서 자세히 살펴본 것처럼 비참했다. 그렇다면 그 뒤의 정권들은 이처럼 이미 실패가 증명된 정책은 폐기하고 성공했던 정책을 선택하는 게 마땅했다. 그러나 박근혜 정권도, 심지어 노무현 정권의 뜻을 이어받았다는 문재인 정권도, 지금의 윤석열 정권도 이미 실패가 여실히 드러난 정책을 선택하고 말았다. 그랬으니 우리나라 경제가 점점 더 심각한 지경에 빠져들 수밖에 없었다.

여기에다 코로나 사태가 덮쳤고, 러시아가 우크라이나를 침공했으며, 최근에는 세계적인 금융위기까지 물밑에서 진행하고 있는 실정이다. 현실이 이러니 국민의 경제생활이 얼마나 힘겨워졌겠는가. 기업들은 또 얼마나 어렵사리 경영을 하고 있겠는가. 참으로 답답한 일이 아닐 수가 없다. 지금 진행 중인 세계적인 금융위기라도 슬기롭게 헤쳐나가야 할 텐데, 정책당국에 그럴만한 역량이 있는지 의심스러워서 내 걱정은 더욱 커지기만 한다.

8장

경제위기와
경제정책

경제정책이 얼마나 중요한지는 아무리 강조해도 지나치지 않다. 경제정책이 올바르지 않고 적절치도 않으면 경제는 파국으로 치닫곤 하지만, 경제정책이 올바르고 적절하면 아무리 어려운 여건이나 경제상황도 성공적으로 극복했던 것이 세계사의 경험이기 때문이다. 마찬가지로, 현재 물밑에서 진행 중인 세계적인 금융위기도 각국 정부가 어떤 경제정책을 펼치느냐에 따라 그것이 어떤 결과를 빚을 것인가를 결정할 것이다. 그럼 정부는 과연 어떤 경제정책을 펼쳐야 할까? 지금부터는 이 문제를 살펴보도록 하자.

우리나라의 경제정책은 적절한가?

2022년 10월 13일, 한국은행 총재는 기준금리를 0.5% 인상하면서, 해외투자는 상투를 잡을 상황에 처해 있으므로 하루빨리 정산하여 국내투자로 돌아서야 한다고 말했다. 그리고 우리 환율은 지나치게 상승하여 머지않아 안정될 것으로 전망된다고도 말했다. 이것은 무엇을 의미할까?

한마디로, 환율이 국내경기에 미치는 영향을 비로소 정확하게 인식했다는 것을 뜻한다. 이런 면에서, 위와 같은 한국은행 총재의 발언은 높게 평가해줄 만하다. 만시지탄이지만, 우리 경제의 가까운 앞날에, 그리고 세계적으로도 심각한 금융위기가 코앞에 닥친 이때, 그 상황을 타개하기 위해서는 반가운 일이 아닐 수 없다. 이제야 비로소 환율이 얼마나 중요한 역할을 하는지 깨달았으니 말이다. 바꿔 말해, 진즉 환율 안정에 심혈을 기울였었어야 했다는 것이다. 이것은 또 무슨 뜻인가?

2022년 5월 이후, 경제변수 중에서 가장 큰 변동을 보인 것은 환율이다. 환율이 가장 큰 변동을 보였으므로, 국내경기의 하강에 가장 큰 영향을 끼칠 것이 뻔했다. 환율은 국내경기의 변동에 가장 큰 영향력을 발휘하는 경제변수 중 하나이므로 더욱 그랬다. 다시 말해서, 환율의 이러한 급속한 변동을 어떻게든 막아냈었어야 지금과 같은 경제난을 예방할 수 있었다는 것이다.

그럼 환율의 변동을 관리하고 있는 한국은행과 그 최종적인 책임을 지고 있는 기획재정부는 그동안 과연 어떤 일을 했던 것일까? 환율의 변동을 제어하기는커녕 오히려 더 큰 변동을 초래하는 일을 저지르고 말았다는 것이 내 진단이다. 한마디로, 윤석열 정권은 이명박 정권의 후예답게, 환율을 끌어올려 수출을 증가시키고, 수출증가가 국내경기를 상승시키자는 경제정책을 펼쳤던 것이다. 이미 자세히 살펴본 것처럼, 이명박 정권이 이미 실패했던 정책을 또다시 펼치는 어리석은 짓을 저지른 셈이다.

그동안 우리나라의 경상수지는 1998년 이후 오랜 세월에 걸처 대규모의 흑자를 기록하고 있다. 2022년 올해에도 마찬가지였다. 상반기까지만 하더라도 339억 달러의 흑자를 기록했다. 그만큼의 외환이 국내에 추가로 유입된 것이다. 따라서 환율은 떨어지는 것이 정상이었다. 공급이 수요보다 많으면, 가격이 떨어지는 것은, 정부의 시장개입 등과 같은 다른 변수들이 안정적이라면, 영원불멸의 진리이다. 그러나 정부는 외환시장에 개입하여 외환을 사들임으로써 환율을 끌어올리려는 정책을 펼쳤다.

불행하게도, 환율을 적정한 폭으로 인상시켜 수출에 도움을 주려고 했던 윤석열 정부의 이 경제정책은 뜻대로 움직여주지 않았다. 정부가 환율을 끌어올리자, 미래에 나타날 수요가 현재로 이동해왔다. 환율이 계속 오르면 외환을 미래에 사들여야 할 사람들은 손해를 입을 수밖에 없으므로, 환율이 더이상 오르기 전에 외환을 사들이기 시작한 것이다. 이렇게 미래수요가 현재로 옮겨와 현재수요와 합쳐지자, 환율은 더욱 빠른 속도로 상승하기 시작했다.

기획재정부와 한국은행은 수요가 시간이동을 일으키는 경제원리를 전혀 모르고 있었다. 그럴 수밖에 없는 것이 현재의 경제학에는 수요의 시간이동이라는 경제원리가 어디에서도 찾을 수 없기 때문이다. 한마디로, 현재의 경제학을 열심히 배운 기획재정부와 한국은행의 관계자들은 그 경제원리가 현실에서 어떻게 작동하는지를 전혀 모를 수밖에 없었던 것이다.

이렇게 환율이 예상 밖으로 큰 폭으로 급등을 시작하자, 한국은행과 기획재정부는 당황하여 어찌할 바를 몰랐다. 환율이 한참 오른 뒤에야 환율의 급상승을 막기 위해 시장에 개입했으나, 수요의 시간이동을 감당해낼 수는 없었고, 환율은 2022년 9월 말부터 1,400원을 훌쩍 넘겨버렸다. 이런 환율의 급등은 필연적으로 환차손을 일으켰고, 환차손이 발생한 국내자본과 해외투자자들은 우리나라를 떠나 미국 등의 해외시장으로 유출되었다. 환차손을 피하기 위해서는 어쩔 수 없는 일이었다.

위와 같이 국내자본과 해외투자자가 국내에서 떠나가자, 우리나라 경제는 유동성 부족에 시달리는 결과를 빚었다. 그리고 유동성 부족은 국내의 경제활동을 악화시켰고, 경제난은 점점 더 나빠지기만 했다. 한마디로, 기획재정부와 한국은행이 오늘날과 같은 우리나라에 심각한 경제난을 초래했다는 것이 내 판단이다. 그런데 왜 다른 경제학자들은 위와 같은 지적을 하지 않았을까? 권위에 대한 복종이라는 사회심리학적 원리 때문이다. 이것은 또 무슨 말인가?

간단히 말해, 사람들은 권위에 대해 무조건 복종하는 경향을 보이기 때문이라는 것이다. 이 사실은 사회심리학자인 스탠리 밀그램의 실험으로 이미 충분히 입증되었다.[24] 그런데 권위에 대한 무조건적 복종은 때때로 참혹한 비극을 빚기도 한다. 사이비 종교의 집단 학살 및 자살이나 2차 세계대전 당시의 홀로코스트(유태인 학살)는 그런 대표적인 사례에 속한다.

이런 권위에 대한 복종은 학문의 세계에서는 경제학에서 특히 두드러진다. 역사상 세계경제와 각국 경제가 여러 차례 심각한 경제파국을 겪었음에도 불구하고, 경제학계는 지금껏 그런 참혹한 사태를 초래한 경제정책을 찾으려고도 하지 않았고, 그런 경제정책의 실패를 비판한 사례는 더더욱 찾아보기가 어려울 정도로 권위에 대한 복종은 심각한 실정이다.

우리나라는 더더욱 그렇다. 심지어 단군 이래 최대 난리라고 일컬었던 환란을 초래한 경제정책에 대한 성찰조차 어디에서도 찾아보기 어렵다. 환란을 초래한 경제정책을 입안하고 실행한 책임자를 찾으려고도 하지 않았고, 그 책임은 더더욱 묻지 않았다. 당시의 외환위기는 외환보유고가 고갈되어 발생했고, 외환보유고

---

24 Stanley Milgram, "Behavioral Study of Obedience", Journal of Abnormal and Social Psychology Vol.67(1963), pp.371-378.

의 고갈은 경상수지의 적자가 거대해졌기 때문에 발생했으며, 경상수지의 거대한 적자는 정부의 과도한 경기부양정책이 초래한 경기과열로 빚어진 것이었다. 이런 과정을 유추하는 것은 결코 어렵지 않았다. 아니, 자명했다. 그럼에도 경제학자들은 기획재정부의 권위에 굴복하고 말았던 것이다. 외환위기가 터진 이후에야 그것을 수습하기 위해 밤낮으로 노력했던 사람들을 엉뚱하게 그 책임자로 몰면서 허둥지둥했을 따름이다.

이것은 무엇을 의미할까? 당연히, 최고의 권위를 자랑하는 기획재정부가 실패할 것이 뻔한 경제정책을 펼쳤을 리가 만무하다고 경제학자들과 관계자들은 지레짐작해버린 것이다. 그리고 그 결과는 단군 이래 최대 난리인 환란이었다. 이런 비극을 초래한 경제정책의 실패를 어느 경제학자나 경제전문가도 지적하지 않았으니, 앞으로도 그런 비극은 얼마든지 벌어질 수 있을 것이다. 최근 윤석열 정부는 이명박 정부가 실패했던 경제정책을 반복하여 우리 국민의 경제난을 가중시킨 것도 마찬가지이다.

결론적으로, 경제학자들이 조금 더 적극적으로 나서서 정부의 경제정책을 면밀히 주시하고, 만약 실패가 명확해지면 그리고 실패할 것이 뻔히 내다보이면 가차없이 이것을 비판할 필요가 있다. 아니, 그렇게 해야 한다. 그래야 정부는 경제정책이 실패의 길로 들어서지 않도록 최대한 노력을 기울일 것이다.

그럼, 과거에 볼 수 없었던 심각한 세계적 경제위기가 조만간 닥칠 가능성이 점점 커지고 있는 지금과 같은 상황에서는 우리 정부는 국가경세의 앞날을 위해 어떤 경제정책을 펼쳐야 할까? 이 문제는 곧이어 살펴볼 역사적 사례들이 간접적으로 시사해줄 것이다. 그리고 그 사례들은 국가경제의 위기극복은 물론이고 기업과 개인의 위기극복에도 도움을 줄 수 있을 것으로 기대된다.

경제난의 심각성은
경제정책이 결정한다

역사적으로, 신용파괴원리의 작동을 정책적으로 차단하여 금융위기로 발전하는 것을 막아낸 사례가 제법 있었다. 대표적인 사례를 하나만 들어보자. 킨들버거와 알리버가 언급했듯이 "2000년에 발생한 미국 주식시장의 붕괴는 금융위기를 부르는 유형에 속하지 않은 예외적인 경우인데, 그 후 수년 동안 주가는 하락했지만 그에 뒤따른 2001년의 경기후퇴는 기간도 짧았고 폭도 깊지 않았다."[25] 이때는 어떤 정책적 대응이 이런 '예외적으로' 훌륭한 성과를 거두게 했을까? 당시 미국의 중앙은행인 FRB 의장이던 그린스펀의 자서전 『격동의 시대』는 당시 상황을 다음과

---

25 찰스 P. 킨들버거 & 로버트 Z. 알리버, 『광기, 패닉, 붕괴』, 굿모닝북스, 2007, p.24.

같이 잘 나타내 준다.

"부시 대통령이 취임하기 몇 주 전 FOMC^{공개시장위원회}에서는 복잡한 경제상황을 분석하느라 정신이 없었다. 경제전망에 대한 의견은 대개 낙관주의에서 중립적으로, 그다음에는 비관적으로 천천히 움직이는 것이 아니다. 그것은 댐이 무너지는 것에 비유할 수 있다. 댐에 금이 가고 균열이 생기기 전까지는 엄청난 양의 물을 가둬둘 수 있다. 그러다가 댐이 무너지면 아주 조금 남아 있는 신뢰까지도 급류에 휩쓸려버리고 공포만 남는다. 바로 그 균열 상황에 직면한 것처럼 보였다. 2001년 1월 3일 새해 업무 첫날, 우리는 다시 모여 다자간 전화회의를 통해 연방기금 금리를 0.5% 포인트 인하해 6%로 하향 조정했다. 향후의 금리 인하는 평소보다 훨씬 신속하게 진행돼야 한다는 내 생각을 위원회에 전달했다. 생산성 향상에 도움을 주는 과학기술도 경기조정을 가속화시킬 수 있었다. 적시 경제_{just-in-time economy}는 적시 통화정책을 필요로 했다. 1월 말에 추가로 연방기금 금리를 인하할 당시에 그런 사실은 우리의 이론적 근거가 되었으며 다시 3월, 4월, 5월, 6월에 금리를 하향 조정해서 3.75%까지 낮추었다."[26]

---

26 앨런 그린스펀, 『격동의 시대』, 북@북스, 2007. pp.315-316.

겨우 진정돼가던 경제상황은 그 뒤로도 중대한 사태들이 속속 터지면서 점점 더 심각한 지경으로 말려들었다. "미국경제는 2001년 9·11 사태 이후 1년 반 동안 예측 불허의 상황에 빠져 있었다. 이런 모든 불확실성에 대한 연준FRB의 반응은 단기금리를 적극적으로 낮추는 계획을 계속 유지하는 것이었다. 9·11사태 이후에 연방기금 금리를 네 번 이상 인하했다. 그 후 2002년에는 엔론과 월드콤 등의 회계부정 사건까지 터져 기승을 부리기 시작했다. 그래서 그해 10월에는 연방기금금리가 1.25%까지 낮아졌는데, 10년 전이었다면 상상도 할 수 없을 정도로 낮은 수준이었다."[27] 나스닥 등 주식시장이 붕괴에 직면한 이후에 경제상황이 이처럼 계속 악화됐음에도 불구하고, 이런 선제적인 금리인하가 신용파괴원리의 본격적인 작동을 차단했다.

반면에, 신용파괴원리의 작동을 방치함으로써 비극적 사태를 초래했던 사례는 세계사적으로 훨씬 더 많다. 1930년대의 세계대공황은 그런 대표적인 사례 중 하나이다. 근래의 경우를 보더라도 경제이론과 경제정책의 선진국이라는 미국에서 2008년에 심각한 금융위기가 벌어진 바 있었다. 만약 신용파괴원리만 제대로 이해했더라면, 미국 금융기관이 붕괴위기로 치닫는 것은 물론

---

[27] 위의 책, p.337.

이고 세계적인 금융위기로까지 발전하는 것을 얼마든지 차단할 수 있었거나 그 파장을 어느 정도 약화시킬 수 있었을 것이다. 실제로 그런 사례도 제법 있었다.

시계 바늘을 1987년 10월 19일의 '검은 월요일(블랙 먼데이)'로 돌려보자. 이날 미국의 다우지수는 508포인트나 폭락했다. 하루 하락률이 약 22%에 달해서 사상 최고기록을 갱신했다. 대공황의 계기가 됐던 1929년 10월 24일(검은 목요일)의 하락률보다 두 배나 높았다. 그 충격은 매우 컸다. 미국의 유력 신문들은 '지금이 대공황 이래 경제적으로 최악의 시기라는 데는 의문의 여지가 없다'라거나 '올해의 부진한 경제성장은 대공황 이래 최악이 될 것이다'라거나 '회복이 더딜 것으로 보이므로, 앞으로 대공황 이래 최악의 경제상황이 펼쳐질 전망이다'라는 등의 보도를 했다는 사실만 보더라도 그 충격이 얼마나 컸는지 쉽게 짐작할 수 있다.[28] 심지어 한 유력 주간지는 '1929년 재현?'이라는 제목을 표지에 올렸을 정도였다.

그날 FRB^{Federal Reserve Board of Governors} 의장인 그린스펀은 댈러스 일정을 전격적으로 취소하고 워싱턴으로 돌아왔다. 이 사태를 자

28 아나톨 칼레츠키, 『자본주의 4.0』, 컬쳐앤스토리, 2011, p.143.

문단과 논의해 중대 결단을 내렸다. 다음날 주식시장이 개장하기 한 시간 전에 "FRB는 미국의 중앙은행으로서 경제 및 금융시장을 안정시키기 위해 유동성을 공급할 준비가 되어있다"라는 짤막한 연설을 그린스펀이 직접 했던 것이다.

이에 발맞춰 뉴욕연방은행은 필요한 만큼의 유동성을 신속히 공급했으며, 이런 즉각적인 대응은 미국의 주식시장을 안정시켰다. 더 나아가, 당시 1,738까지 하락했던 다우지수는 줄기차게 상승해 2001년의 급락까지 이겨내며 2006년에는 1만4천을 넘겼고, 미국경제는 2008년의 금융위기 직전까지 비교적 장기간 번영을 누렸다.

만약 2007년 여름에 파생금융상품의 가격이 하락하고 이에 따라 투자은행 등 금융회사의 주식가격이 빠르게 하락하던 때에 적절한 정책이 선제적으로 펼쳐졌더라면, 2008년 이후와 같은 심각한 경제난은 피할 수 있었다는 게 내 판단이다. 2007년 11월에 메릴린치, 시티그룹, AIG 등의 경영수지 악화가 드러났을 때라도 적극적인 금융완화 정책을 펼쳤어야 했었다.

당시에 메릴린치는 "84억 달러라는 어마어마한 금액을 손실 처리했다. 순자산의 22%를 차지하는 규모였다."[29] 시티그룹도 "3/4분기에 이미 손실 처리한 60억 달러에 더해 4/4분기에 모기지증권과 기업대출에서 80~110억 달러를 추가로 감액해야 한다는 것을 인정했다."[30] AIG 역시 골드만삭스, 메릴린치, 소시에테제네랄 등으로부터 추가담보를 요구받고 있었다.[31] 이런 상황이라면 신용파괴원리가 본격적으로 작동할 것으로 보는 게 옳았다.

물론 FRB는 2007년 9월부터 금리를 인하하기 시작했고, 그 영향으로 10월 초에는 다우지수가 1만4천을 다시 넘어서는 등 금융시장이 안정되는 듯했다. 그 바람에 금융위기에 대한 경각심은 오히려 무뎌졌고 정책적 대처가 미흡해졌다. FRB가 금리를 인하했음에도 파생금융상품의 가격은 계속 하락했으며, 금융기관의 경영수지는 빠르게 악화됐다.

시티그룹과 메릴린치 등은 대표이사를 사퇴시키고 허둥지둥 자본 확충에 나섰다. 신용경색이 좀처럼 풀리지 않자, FRB는 금리를 두 차례 더 인하했어도 금융시장은 안정되지 못했다. FRB는 2008년 1월에 금리를 한꺼번에 0.75% 인하했지만 이 조치는

---

29   로지 로웬스타인, 『딤욕의 도둑들』, 한국경세신문사, 2013, p.135.
30   위의 책, p.136.
31   위의 책, p.138.

너무 늦어서 뒷북치기였고 수비적이었다. 빠르게 진행되던 금융위기를 진정시키기 위해서는 선제적이고 공격적인 대처가 필요했다. 신용파괴원리가 본격적으로 작동하기 시작한 이런 상황에서는 통화를 직접적으로 공급하는 정책을 펼쳤어야 했다.

설령 이때는 금융시장을 안정시킬 기회를 놓쳤더라도, 2008년 4월에 터진 베어스턴스의 붕괴만은 어떤 수단을 동원하더라도 막았어야 했다. 그래야 신용파괴원리의 본격적인 작동을 차단하여 금융위기의 타격을 완화시킬 수 있었다.

다른 사례를 하나 더 살펴보자. 1998년 9월에 LTCMLong Term Capital Management이 도산위기에 처하자 미국경제는 금융위기의 늪으로 빠져들 위험성이 매우 커졌다. 그 직전에 러시아가 외환위기에 봉착해 지불유예를 선언한 터라서, 세계적인 금융위기가 발생할 가능성은 과거 어느 때 못지않게 컸다. 당시에 LTCM은 50억 달러의 자본금을 바탕으로 1,250억 달러를 차입하여 유가증권에 투자했고 1조2천5백억 달러에 달하는 파생금융상품을 운용하고 있었다. 만약 방치하면 금융위기로 발전할 것이고 그 파장은 심각해질 것이었다.

이런 위기에 직면하자 뉴욕연방은행의 당시 총재인 빌 멕도너는 세계에서 가장 영향력 있는 16개 은행과 투자회사의 최고경영자를 한곳으로 불러 모아 "LTCM의 투자자산이 방매될 경우에 어떤 손해를 입게 될지 짐작한다면 이 문제를 함께 풀어야 한다"라고 강한 어조로 제안한 후 자리를 떠났다.

그들은 긴장 속에서 며칠간 협의한 끝에 LTCM에 35억 달러를 투입하기로 결정했다."[32] 그 결과 LTCM의 자본금 50억 달러는 연기처럼 사라졌지만, 관련 은행과 투자회사는 추가로 투입했던 금액을 모두 회수했을 뿐 아니라 투자 손실도 크게 입지는 않았다. 무엇보다, LTCM의 투자자산이 방매됐을 경우에 나타났을 게 뻔한 신용파괴원리의 작동과 그에 따른 금융위기를 차단했다는 점은 아무리 높게 평가해도 지나치지 않다.

금융시장에서 발생하는 대형 금융회사의 예금인출 사태는 주식시장의 폭락사태나 파생금융상품의 폭락사태에 못지않게 위험하다. 아니 그 파괴력은 훨씬 크고 전염성도 더 뛰어나다. 경제전문가들은 이런 사태를 흔히 영화가 상영 중인 어두운 극장에서 '불이야!'를 외치는 것에 비유한다. 그만큼 예금인출 사태는 위험하다.

---

32   알랜 그린스펀, 『격동의 시대』, 북@북스, 2007, p.288.

그렇다면 베어스턴스에서 예금인출 사태가 처음 벌어졌던 2008년 4월에 미국 FRB와 재무부는 즉각 강력히 대응했었어야 했었다. 만약 그랬더라면 리먼브라더스, 메릴린치, AIG 등이 도산하거나 인수당하거나 대규모 공적자금을 수혈받는 등의 사태는 벌어지지 않았을 것이며, 세계적인 금융위기로 비화하지도 않았을 것이다. 뒤돌아보면 참으로 안타까운 일이다.

왜 미국은 당시에는 정책적 대응을 제 때에 하지 못했을까? 우선, 정책당국이 신용파괴원리를 제대로 알지 못했기 때문이다. 경제전문가들도 다르지 않았다. 아니, 일부 경제전문가는 사태를 더욱 악화시키는 데 앞장섰다. 신용파괴원리가 얼마나 무서운 결과를 빚는지를 이해하지 못한 몇몇 영향력 있는 경제학자들이 2008년 4월에 베어스턴스의 파산을 막으려고 JP모건에 300억 달러를 지원하기로 한 FRB의 결정을 격렬히 비난하고 나섰던 것이다.

2001년에 노벨경제학상을 수상한 조지프 스티글리츠는 미국 FRB가 베어스턴스 은행을 구제한 것에 대해 『뉴스위크』에 기고한 「이 대혼란을 수습하는 방법」이라는 글에서 "정부는 지금까지 약탈적인 금융기관의 먹잇감이 되어온 가난한 집주인들을 구제하자는 제안에 대해서는 검토조차 일체 거부해왔다. 그런데 투자은행은 살리겠다고 한다. 지금의 혼란과 위기를 초래한 주범인은행에 대한 이러한 구제책은 너무나 투명하지 못하게 결정되었다"[33]라고 비판했다.

다른 경제전문가들도 이런 비판에 가세했다. 대표적으로, 프레니맥과 페니메이가 파산위기에 처하자 이들을 구제하기 위해 의회가 2008년 7월 30일에 「주택경기촉진법」을 제정했는데, 금융위기의 발생을 미리 경고한 것으로 유명한 로버트 로드리게즈(펀드 운영자)는 "금융 및 사회체제가 후손을 재정적인 빈곤으로 몰아넣을 길을 가고 있다"라고 비판했다. 공화당 상원의원인 짐 버닝은 "미국 땅에서 사회주의가 실현되고 있다"라고 비난하기도 했다.[34]

위 두 기관이 투자한 정크 모기지가 무려 1조 달러로 추산되었는데,[35] 이런 엄청난 채권을 보유한 금융회사가 쓰러지면 금융기관 전체가 붕괴위험에 처할 게 뻔했음에도 그런 비난이 쏟아졌던 것이다. 더욱이 이 회사들에 대한 정부의 보증을 믿었던 중국 등 외국 투자자들이 미국시장을 이탈하면, 달러가 국제 기축통화의 위상을 잃을 가능성마저 컸다.

---

33 느루스 E. 헨더슨, 소시아 가이스, 『서브프라임 크라이시스』, 랜덤하우스, 2008, pp.160-161.
34 로저 로웬스타인, 『탐욕의 도둑들』, 한국경제신문, 2013, p.180.
35 위의 책, p.181.

정치적으로 여론에 민감할 수밖에 없는 폴슨 당시 재무장관이 결국은 단행할 수밖에 없었던 공적자금의 투입을 끝까지 피하려 했던 이유가 바로 여기 있었다. 위와 같은 비판들이 붕괴위기에 처한 은행들을 미리 구제하지 못하게 하는 결과를 빚었던 셈이다. 만약 신용파괴원리가 경제학계에 수용되었더라면, 대형 금융회사의 붕괴가 신용파괴를 일으킴으로써 금융기관을 붕괴시켜 금융공황으로 발전한다는 사실을 경제전문가 사회도 쉽게 알 수 있었을 것이고, 미국 재무부와 FRB중앙은행에 적절한 조치를 취하도록 촉구했을 것이다.

신용파괴원리의 작동은 미국의 본원통화가 2008년 말에 전년동기 대비 두 배나 증가한 뒤에야 겨우 멈췄다. 이런 급속한 증가율은 평상시 같으면 물가폭등을 불러오기에 충분한 수준이었다. 하지만 급격한 경기하강이 통화의 유통속도와 신용승수를 떨어뜨리고 통화성 재화의 통화기능을 낮춤으로써 물가불안은 일어나지 않았다. 통화의 역할을 하던 파생금융상품의 규모가 크게 축소된 것도 여기에 기여했다.

무엇보다, 달러 공급이 풍부해짐에 따라 그 가치가 폭락함으로써 기축통화의 지위를 잃을 수도 있었지만, 외환위기에 노출된 여러 나라가 외환보유고 확충에 나섬에 따라 달러 수요가 급증함으로써 이 위험도 사라졌다. 다만, 경기가 회복되어 본격적으로 상승하면 긴축적인 통화정책을 펼쳐야 물가불안과 달러의 가치하락을 막을 수 있었다. 2012년 하반기부터 양적완화 정책의 출구전략이 모색되기 시작했던 것은 그 때문이었다.

금융위기 타격은
어떤 정책을 펼쳐야
최소화할 수 있을까?

2022년 10월 이후에, 세계적인 금융위기가 터져 점점 더 심각해진다면, 어떤 경제정책을 펼쳐야 할까? 당연히 과거에 성공했던 경제정책을 본받아 상황에 맞게 적절히 펼치는 것이 바람직하다. 성공의 길은 유일하고 좁은 반면에, 실패할 길은 다양하고 아주 넓기 때문에 더욱 그렇다. 다시 말해, 성공한 정책을 외면하면 필연적으로 실패할 정책을 선택할 수밖에 없다는 것이다.

만약 바로 위에서 살펴봤던 성공적인 금융정책 즉, 통화완화 정책을 미국이 펼친다면, 물가불안이 더욱 심각해지는 것은 아닐까? 당연히 아니다. 현실적으로, 미국이 고금리 정책을 펼치고 있음에도 불구하고 물가불안은 좀처럼 가라앉지 않고 있다. 한마디로, 미국의 물가불안은 저금리 탓이 아니라는 것이다. 따라서 그 근본 원인부터 먼저 찾아야 한다. 물가불안의 근본적인 원인을 찾아서 그곳에 정책처방을 해야 비로소 물가불안을 해소할 수 있다. 만약 그렇게 하면, 장차 미국이 저금리 정책을 펼치더라도 물가불안을 얼마든지 완화시킬 수 있을 것이다.

물가불안의 근본적인 원인은 앞에서 간접적으로 살펴봤다. 다시 말해, 미국이 그동안 통화완화정책을 펼쳤음에도 불구하고 물가가 안정되었던 것은, 중국 등의 개도국들의 값싼 제품이 수입되었던 것이 가장 중요한 원인이었다. 그런데 미국과 중국의 정치적 및 경제적 마찰로 국제교역의 비교우위가 위축됨에 따라 세계경제의 생산성이 떨어지고 이에 따라 물가불안까지 초래하고 있다. 소위 공급망 문제가 일어난 것이다.

물론 석유와 식량 등 주요 자원의 가격과 반도체 등 부품소재의 가격이 폭등하여 물가불안을 부추기고 있는 것은 사실이다. 하지만 석유등 거의 모든 자원과 부품소재의 가격은 조만간 하락으로 돌아설 것으로 보인다. 러시아와 우크라이나의 전쟁이 지속되더라도 마찬가지일 것이다. 그 이유는 또 무엇일까?

모든 재화의 가격 특히, 자원의 가격은 그 반응의 민감성이 다른 어떤 경제변수보다 낮아서, 경기가 상승하고 수요가 증가해도 당장은 오르지 않는 경향이 있다. 반면에, 자원의 가격은 그 반응속도가 매우 빠르고 강력해서, 경기가 하강하고 수요가 감소해도 여전히 오르는 것이 보통이다. 그러나 경기하강과 수요감소가 어느 정도 지속되면, 자원가격은 어느 순간부터인가는 아주 빠른 속도로 떨어지게 된다. 지금의 세계경제가 그런 특징을 잘 보여주고 있다. 한마디로, 장차 자원가격은 빠르게 하락할 수밖에 없는 상황인 셈이다.

이제는 결론을 내려보자. 2008년 말에 그랬던 것처럼, 이제라도 주요국들이 함께 모여 현재 진행 중인 세계적인 경제위기에 공동으로 대응하여 다음과 같은 대책들을 마련해야 한다는 것이 내 진단이다. 그래야 금융위기의 악영향과 부작용을 최소화시킬 수 있을 것이다.

첫째, 무엇보다 먼저 미국과 중국은 정치적 및 경제적 분쟁과 대립을 당분간 자제해야 한다. 쉽게 말해, 미국과 중국은 현재의 경제위기가 안정될 때까지라도 잠시 휴전해야 한다는 것이다. 그리고 어떻게든 러시아와 우크라이나의 전쟁을 최대한 조기에 종식시킬 필요가 있다.

경제파국으로 치닫는 금융위기

둘째, 미국은 고금리 정책을 기조로 한 '강달러 정책'을 즉각 중단해야 한다. 만약 그렇게 하지 않으면 미국의 경상수지 적자는 장차 더욱 거대해질 것이고, 그 결과로 미국경제는 머지않아 더욱 큰 치명상을 입을 것이다. 그렇게 되면 세계경제와 각국경제 역시 치명적인 타격을 입을 것이다.

셋째, 경상수지가 대규모 적자인 일부 국가에서는 벌써 외환위기가 발생하기 시작했는데, 이것이 다른 나라들로 전염되는 것은 어떻게든 차단하는 방책을 마련해야 한다. 그렇게 하지 않으면 금융위기가 전 세계로 확산될 것이다. 따라서 IMF와 주요 국가들은 공동으로 그 대책을 시급히 강구할 필요가 있다.

넷째, 장차 외환위기의 전염이 조만간 전 세계에 확산되면, 중국의 금융위기는 걷잡을 수 없는 단계에 접어들 것이다. 그러면 경제의 악순환이 전 세계적으로 벌어질 것이다. 따라서 세계경제의 악순환을 어떻게 하든 차단하여 선순환으로 전환시켜야 하며, 이를 위해서는 세계 주요 국가들 특히, G20이 공동으로 그리고 공격적으로 적절한 정책의 수립에 나서야 할 것이다.

다섯째, 우리나라의 경우, 현재로서는 환율의 급등이 가장 심각하게 국가경제에 타격을 주고 있으므로, 이 문제부터 해결하고 봐야 한다. 그런 다음에는 세계적인 금융위기에 따른 국내경기의 하강에도 적극적으로 대응해야 할 것이다. 물론 다른 주요 국가들과 함께 공동으로 대응해야 할 필요가 있다. 우리나라만 일방적으로 대응하면 실패할 가능성이 크고, 그 타격은 국가경제를 방치하는 것보다 더 심각해질 것이기 때문이다. 이것은 세계사의 경험이다.

경제파국으로 치닫는 금융위기

9장

세계경제 2023년:
폭주하는 열차

지금부터는 2023년에 벌어질 세계경제와 우리나라를 비롯한 주요 국가들의 경제상황을 미리 점쳐보도록 하자. 이를 위해서는, 이미 앞에서 충분히 언급했지만, 독자 여러분들의 이해를 돕기 위해서 그리고 복습하는 의미에서, 몇 가지 중요한 경제원리와 사전지식을 간단하게나마 설명해둘 필요가 있겠다. 그래야 향후 벌어질 일들의 내 경제예측을 쉽게 수긍할 수 있을 것이기 때문이다.

　무엇보다 중요한 점은, 거의 모든 경제재앙은 반드시 금융위기를 경유한다는 사실이다. 그 이유가 무엇일까? 당연히 모든 경제지표 중에서 금융변수 특히, 통화라는 경제변수는 그 변동성이 가장 크고, 그만큼 영향력도 크기 때문이다. 그 이유는 또 무엇일까? 일상적인 경우는 통화가 신용창조 원리를 작동시켜 중앙은행이 발행한 화폐량보다 훨씬 더 많은 통화량이 경제에서 유통되도록 하지만, 특별한 경우에는 신용파괴원리를 작동시키기 때문이다. 다시 말해, 평소에 신용창조원리가 통화량을 팽창시켜두면, 신용파괴원리가 신용승수 배수만큼 통화량을 급격히 축소시켜 종종 금융위기를 초래한다는 것이다.

참고로, 우리나라의 경우 본원통화에 대한 총유동성의 신용 승수는 매년 약간씩 변동하고 있지만 평균적으로 약 25배에 달하고, 화폐발행액에 대한 총유동성의 신용승수는 무려 50배에 달한다. 그리고 경제가 성장할수록 신용승수는 커지는 것이 일반적이다. 그래서 우리나라보다 소득이 많은 선진국들은 신용승수가 더 큰 것이 보통이다.

간단히 말해, 신용파괴원리가 작동을 시작하면, 총유동성은 1/50로 줄어드는 압력을 받는다는 것이다. 물론 이 압력은 경제의 충격흡수력에 의해 대부분 흡수되는 것이 사실이지만, 그 흡수과정에서 경제는 우리가 상상하는 것보다 훨씬 심각한 타격을 입게 되는 것이 일반적이다. 통화는 우리 몸의 혈액과 같은 역할을 하기 때문에 더더욱 그렇다. 만약 혈액이 전체의 1/10만 우리 몸에서 빠져나가도 목숨을 잃는 것과 마찬가지인 상황이 국가경제에서도 벌어지는 것이다. 그만큼 신용파괴원리의 작동은 무서운 결과를 빚는다고 보면 틀림없다.

그럼 신용파괴원리가 발생하는 근본 원인은 무엇일까? 주식시장이나 부동산시장에서 투기열풍이 불어 거품을 형성했다가, 그 거품이 꺼지면서 발생하는 것이 일반적이다. 그 이유는 무엇일까? 주식과 부동산이 통화의 역할을 어느 정도는 하기 때문이다. 실제로, 주식시장과 부동산시장이 호조를 보일 때는 예금을 인출하여 사용하는 것보다 주식이나 부동산을 팔아서 자금을 마련하곤 한다. 참고로, 예금은 통화의 일종으로서 통화지표에 포함되어 있다. 따라서 주식과 부동산도 어느 통화지표엔가는 포함시키는 것이 바람직하다. 그래야 경제 내의 유동성 변동을 더 정확하게 파악할 수 있기 때문이다.

그럼 투기 열풍과 거품의 붕괴는 왜 일어나는 것일까? 수요의 시간이동과 그에 따른 수요의 공동화로 일어난다. 그 이유는 또 무엇일까? 국내경기가 호조를 지속하면, 일반물가는 신속하게 반응하여 점진적이지만 곧바로 상승하는 것이 보통이다. 하지만 주식과 부동산은 상당 기간 저축이 이뤄져야 수요가 일어나고 그때까지는 가격이 오르지 않는 것이 일반적이다.

그러나 저축이 충분해져 수요가 본격적으로 일어나면 주식과 부동산 가격은 일반물가보다 훨씬 더 빠르게 상승한다. 그러면 2~3년 더 저축해야 수요가 일어날 사람들이 큰 빚을 내서라도 주식과 부동산을 매입하는 일이 벌어진다. 이처럼 미래 수요가 현재로 이동해오면, 수요는 배가되고, 가격은 폭등을 시작하여 결국은 투기광풍을 일으킨다. 하지만 수요의 시간이동은 조만간 수요의 공동화를 초래하고, 이것이 거품의 붕괴로 이어지게 한다. 이처럼 부동산과 주식시장의 거품이 붕괴되면, 신용파괴원리가 작동을 시작한다.

실제로 신용파괴원리가 본격적으로 작동하면 "그 많던 유동성이 다 어디로 사라졌냐?"라는 한탄이 나오곤 하는 것이 현실이다. 그래서 경영수지가 취약한 기업들은 유동성 위기에 몰려 부도위기에 처하고, 그 여파로 멀쩡했던 금융기관들마저 경영수지가 부실화되곤 한다. 그러면 어떤 금융기관인가는 먼저 파산위기에 처하며, 그러면 신용파괴원리가 본격적으로 작동을 시작하여 금융위기가 전 금융기관으로 전염되는 결과를 빚기도 한다. 이런 상황이 실제로 일어나면, 국내경기는 급속히 후퇴하고, 국가경제 전체로도 수요 위축 → 생산 위축 → 고용과 투자 위축 → 성장률 추락 등의 악순환이 벌어지고 만다. 경제재앙은 위와 같은 과정을 통해 펼쳐지곤 한다.

다만, 금융위기가 얼마나 심각한 경제재앙을 빚는가는 정부의 경제정책이 좌우한다. 사람이 병에 걸리면 약도 먹어야 하고 수술도 받아야 하듯이, 경제가 금융위기에 맞닥뜨리는 경우도 마찬가지이다. 그리고 의사의 처방이 시의적절할 경우에는 환자의 건강이 금방 회복되고 그 부작용과 후유증도 최소화될 수 있듯이 경제정책도 마찬가지이다. 한마디로, 어떤 경제정책이 펼쳐지느냐에 따라서 경제재앙의 심각성이 결정되는 셈이다. 실제로 그런 사례는 많다.

예를 들어, 경제정책에서도 가장 선진적인 미국의 경우, 최근 사례만 보더라도 1987년, 1998년, 1998년, 2001년, 2008년 등 다섯 차례의 심각한 금융위기를 겪었다. 다행히, 그때마다 미국성부의 경제정책이 그 후유증과 부작용을 최소화시킴으로써 다른 어느 나라들보다 경기후퇴의 기간도 짧았고, 고용불안과 빈부격차 확대 등의 부작용과 후유증도 가장 적었다. 다만, 2008년 금융위기의 경우에는 정책처방이 너무 늦게 이뤄짐으로써 성장률이 2008년에 −0.3%, 2009년에는 -2.8%를 기록하고 말았다. 그나마 사후적인 정책처방이 적절하고 강력하여 세계대공황과 같은 경제재앙은 벌어지지 않았다.

자, 경제재앙이 일어나는 과정을 경제원리에 입각하여 충분히 살펴봤으니, 이제는 2023년의 세계경제와 우리나라를 비롯한 중국, 미국, 일본 등의 국가경제를 점쳐볼 수 있게 되었다. 2023년에는 어떤 일이 벌어질지 독자 여러분들과 함께 조망해보도록 하자. 아울러, 주요 각국의 경제정책은 어떻게 펼쳐질지, 그리고 그 결과는 어떻게 나타날지도 함께 살펴보도록 하자.

2023년 세계경제

2022년 10월 하순, 이 책을 한창 집필하는 때, 세계경제 전반에 걸쳐 금융위기가 빠르게 진행되고 있다. 이미 2022년 하반기에 들어선 직후부터 금융위기가 진행되고 있었지만, 물밑에서 일어나고 있어서 보통사람은 체감하지 못하고 있었을 뿐이다. 이 금융위기가 10월 하순부터는 물 위로 부상하여 본격적으로 진행하면서 웬만한 사람이면 그것을 느낄 수도 있게 되었다. 따라서 2023년쯤에는 세계경제의 심각한 경기후퇴가 나타날 것이 거의 틀림없다.

왜 세계경제가 이 지경이 되었을까? 우선, 주식시장이 2010년대 후반부터 호조를 보이면서 거품이 끼기 시작했다. 대표적으로 미국의 경우, 2008년에 7천 대까지 떨어졌던 다우지수가 한때 3만6천을 넘어서기도 했다. 더욱 중요한 사실은, 이 기간에 부동산시장에서 투기열풍이 불어댔고, 2020년에 들어선 다음에는 그 거품이 부풀어 오를 대로 부풀어 올랐다는 것이다. 이것은 전 세계적인 현상이었다. 경제가 비교적 안정적이라는 유럽에서도 독일, 프랑스, 네덜란드, 벨기에, 룩셈부르크, 덴마크, 스웨덴, 스위스, 크로아티아 등에서 부동산 투기가 큰 거품을 일으켰으며, 태평양 연안에서도 우리나라, 중국, 뉴질랜드, 호주, 미국, 캐나다 등도 마찬가지였다. 그동안 경제가 비교적 호조를 보였던 수많은 개발도상국들도 마찬가지였다.

위와 같은 부동산 거품은 2022년 하반기부터 이미 본격적으로 꺼지기 시작했다. 이것은 조만간 신용파괴원리가 본격적으로 작동할 것임을 뜻한다. 그래서 각국 경제에서는 금융위기가 빠르게 진행될 것이며, 부동산 거품은 물론이고 주식시장 거품까지 빠른 속도로 꺼지고 있거나 곧 그렇게 될 것이다. 그러면 세계경제는 심각한 경기후퇴를 겪게 될 것이다.

이런 상황을 IMF는 그동안의 경험을 통해 충분히 인지했을 것으로 보인다. 그래서 과거에 볼 수 없던 '폭풍 구름'이 낙치고 있다고 경고했을 것이다. 하지만 IMF가 예측한 내년도 성장률 2.7%는 틀릴 가능성이 거의 100%이다. IMF 역시 이 사실을 몰랐을 리가 없다. 경제예측은 자기실현성이 아주 뛰어나므로, 2.9%라는 비교적 양호한 성장률 전망치를 세계경제의 앞날을 위해 내놓을 수밖에 없었을 것이다. 그보다 냉정하게 예측하자면, 세계경제는 2023년에 마이너스 성장률을 기록할 것으로 내다본다.

　　　　　　　　　　　경제파국으로 치닫는 금융위기

2023년 중국경제

세계적인 금융위기가 본격적으로 진행하여 경기후퇴가 일어 난다면 그 진앙은 중국이 될 가능성이 아주 크다. 아니, 거의 확실하다. 중국의 부동산 투기열풍은 세계적으로 가장 심각했을 뿐만 아니라, 그 발생이 가장 빨랐기 때문이다. 구체적으로, 상해 나 북경 등의 주요 도시의 핵심 아파트는 5~10배 이상 폭등했다 고 한다. 그리고 이 부동산 투기거품이 꺼지기 시작한 것도 세계 에서 가장 빨랐다. KBS가 특집보도를 한 것처럼, 이미 2019년에 비어있는 아파트가 6천5백만 채에 달했다. 그 여파로 건설하다가 중단된 아파트 단지는 전 중국에서 헤아리기 어려울 정도로 많 아졌다. 금융위기는 이때부터 중국에서 본격적으로 발생하여 진 행한 것으로 보인다. 하지만 중국정부의 강력한 통제력이 신용파괴원리의 작동을 일시적으로 멈추게 했던 것으로 추정된다.

이런 상황에서 정부가 미처 손쓸 수 없는 사태가 터져서 격발자 역할을 하게 되면, 신용파괴원리가 다시 본격적으로 작동하면서 금융위기가 더욱 가속력을 발휘할 것이 우려된다. 중국정부가 손쓰기 어려운 그 격발자의 역할을 할 것은 과연 무엇일까? 중국몽을 내세워 일대일로를 추진하는 과정에서, 중국의 경상수지 흑자를 대대적으로 투자한 관련 국가 중 어느 하나에서 외환보유고 고갈에 따른 외환위기가 발생하면, 그리고 그 나라의 외환위기가 경상수지 적자가 비교적 큰 다른 나라들에 본격적으로 전염되면, 중국은 금융위기의 본격적인 진행에 따른 경기후퇴가 급속하게 진행될 것으로 예측된다.

실제로, 일대일로와 관련된 나라들에서는 이미 외환위기가 터지기도 했다. 레바논은 이미 2010년대 중후반부터 외환위기에 빠져들었으며, 2022년 초반에는 스리랑카에서, 2022년 후반에는 케냐에서 외환위기가 터졌다. 이제는 이 외환위기가 어떤 나라에 언제 전염될 것인가의 문제만 남았다. 실제로 터키, 파키스탄, 라오스, 캄보디아, 우즈베키스탄 등의 아시아 국가들은 물론이고, 이집트, 탄자니아, 튀니지, 예맨 등의 아프리카와 중동 국가들 역시 외환위기가 당장 터져도 이상하지 않을 정도로 위험한 지경에 놓여 있다. 아니, 2023년에는 이들 나라 대부분에서 외환위기가 본격적으로 진행할 것으로 전망된다. 여기에다 외환위기를 오래전부터 겪고 있는 베네수엘라, 아르헨티나, 짐바브웨 등도 세계경제에 큰 부담을 안겨주고 있다. 한마디로, IMF도 이런 세계적인 외환위기는 처치하기 어려운 최악의 상황이 전개될 것이 우려되는 실정이다.

만약 위의 나라들에서 외환위기가 본격적으로 진행하면, 중국경제는 어떻게 손을 써볼 여지도 없이 금융위기의 늪에 빠르게 빠져들 것이다. 그러면 2023년에는 중국의 경제성장률이 −5% 밑으로 떨어질 수도 있을 것이다. 만약. 중국정부가 재정확대와 통화정책 완화 등을 통해 경기후퇴의 속도를 늦추면, 경제성장률이 그보다 덜 떨어질 수도 있을 것이다. 하지만 이 경우마저 마이너스 성장은 피할 수 없을 것이며, 그 부작용과 후유증이 매우 심각해져 중국경제는 최소 10년 이상의 초장기 저성장궤도에 진입할 것으로 예측된다.

2023년 미국경제

　결론부터 먼저 밝히자면, 미국경제는 정책의 함정에 이미 빠져들었다. 즉, 어떤 정책도 선택할 수 없는 난감한 상황에 처한 것이다. 물론 바로 앞의 8장에서 다룬 '금융위기 타격은 어떤 정책을 펼쳐야 최소화할 수 있을까?'에서 살펴본 것처럼, 현재 진행 중인 세계적인 금융위기를 타개할 정책수단은 얼마든지 마련할 수가 있다. 그러나 불행하게도 미국은 그런 정책수단 중에서 어느 것도 선택하여 실행하기가 어려운 지경에 빠져들었다.

　간단히 말해서, 현재 진행 중인 세계적인 금융위기와 그에 따른 신용파괴원리의 작동을 차단하기 위해서는 2008년 말에 그랬던 것처럼, 최소한 G20 국가들이라도 힘을 합쳐 공동으로 본원

통화를 크게 증가시켜야 하고, 경제의 역기능이 작동하는 것을 차단하기 위해서는 각국 정부가 모두 재정지출을 크게 증가시켜야 한다. 그러나 이제는(2022년 10월 현재) 9%까지 돌파한 물가불안이 통화완화정책도 그리고 재정지출 확대정책도 선택할 수 없게 만들고 있다.

무엇보다, 현재의 물가불안을 해소하기 위해서는 그 근본 원인인 공급망의 문제부터 해소해야 한다. 그동안 미국의 물가안정에 결정적인 기여를 해왔던 값싼 해외 수입품의 미국 내 유입이 공급망의 문제로 인해 어려워졌고, 이것이 국제교역의 비교우위의 기능을 반대로 작동시킴으로써 국가경제의 생산성까지 떨어뜨림으로써 불가불안을 더욱 부풀리고 있기 때문이다.

여기에다 최근에는 보호무역주의적 정책이 급속하게 확산되면서 국제교역의 비교우위가 역으로 작동하고 있는 실정이다. 따라서 중국과의 경제적 그리고 정치적 대립을 멈춰야 하지만, 최소한 국제금융위기가 진행되는 동안만이라도 휴전해야 하지만, 이것은 정치적으로 선택하기 어렵게 되고 말았다. 이 문제는 경제문제가 아니므로, 이쯤에서 마무리하기로 한다.

경제위기의 타개와 세계경제의 정상적인 작동을 앞에서 이끌어야 할 미국이 현재 진행 중인 금융위기를 위와 같이 타개할 수 없는 어려운 상황에 처해 있다면, 세계경제에서 벌어지고 있는 금융위기의 진행을 차단하기가 더더욱 어려울 것이고, 그러면 세계 각국은 심각한 경제난을 피하기 어려울 것이다. 물론 미국은 강달러 정책을 펼치면서 다른 나라들의 자금을 흡수함으로써 내년에도 마이너스 성장은 피할 수도 있을 것으로 예측된다. 이것은 다른 경쟁국들에 비해 비교할 수 없을 정도로 뛰어난 실적이라고 평가할 수도 있을 것이다.

그러나 결국 미국경제 역시 머지않아 심각한 경제난에 처하게 될 것으로 전망된다. 물론 미국의 수출과 수입이 달러 기준으로 이뤄지기 때문에 강달러 정책이 국제수지, 그중에서도 경상수지를 일시적으로는 개선시킬 수 있을 것이다. 그리고 강달러 정책으로 외환이 유출됨으로써 외환위기를 겪게 될 다른 나라들이 외환보유고의 확대를 위해 달러 수요를 증대시키지 않을 수 없을 것이고, 그러면 미국의 자본수지가 당분간 대규모 흑자를 기록할 것이다.

하지만 미국은 강달러 정책을 지속할 수밖에 없을 것이고, 그러면 국가경제의 국제경쟁력은 점점 더 많이 떨어질 것이다. 그러면 경상수지 적자는 머지않아 더욱 커질 것이고, 그러면 설령 물

경제파국으로 치닫는 금융위기

가불안이 해소되더라도, 강달러 정책을 더욱 강력하게 유지할 수밖에 없을 것이다. 강달러 정책을 포기하는 즉시 달러 가치는 떨어질 것이고, 미국에 들어와 있던 해외자본은 환차손을 피하기 위해 미국을 탈출할 것이기 때문이다. 그러면 국내소득이 해외로 이전되는 효과가 나타남으로써 미국 국내경기는 빠르게 하강할 것이다. 그러면 미국 내 투자수익률은 떨어질 것이고, 그러면 미국 내의 자본들은 수익률이 좀 더 높은 곳을 찾아 외국으로 이탈할 것이다.

이런 위험한 상황에서 미국의 주식시장과 부동산시장의 거품이 꺼지기라도 하면, 신용파괴원리의 작동이 본격화할 것이고, 그러면 미국의 경제성장률은 조만간 걷잡을 수 없이 추락할 가능성이 아주 크다.

2023년 일본경제

2022년 초부터 약세를 보였던 일본 엔화는 2022년에 10월에는 그 환율이 150엔까지 돌파했다. 엔화 가치가 이처럼 폭락하는 바람에, 1990년대 이래 장기간 안정을 유지했던 일본의 소비자물가가 점점 더 불안해지기 시작했다. 이에 따라, 지난 30여 년 동안 초장기 저성장으로 피폐해질 대로 피폐해진 일본경제는 더욱 극심한 경제난에 처하는 결과를 빚었다.

그럼 일본 엔화 가치는 왜 이처럼 폭락했을까? 만약 정부의 시장개입이 없었더라면, 일본 엔화는 위와 같이 폭락할 이유가 전혀 없었다. 일본의 경상수지는 지속적으로 대규모 흑자를 기록 중이었기 때문이다. 최근 몇 년만 살펴보더라도, 2019년에는

1,776억 달러, 2020년에는 1,470억 달러, 2021년에는 1,425억 달러 등을 기록함으로써, 매년 그만큼의 외환이 일본 내 외환시장에 추가적으로 유입되었던 것이다. 즉, 공급이 수요보다 훨씬 많았던 것이다.

물론 이처럼 외환이 지속적으로 일본 내로 유입되었음에도 불구하고, 그래서 외환의 수요보다 공급이 더 많아졌음에도 불구하고 그동안에는 엔화 환율이 크게 떨어지지는 않았다. 실제로 2018년 말에 110.4엔이었던 엔화 환율이 2019년에는 109.0엔, 2020년에 106.8엔, 2021년에는 110.0엔 등을 기록했다. 그 이유는 무엇일까? 당연히 일본정부가 외환시장에 개입하여 외환을 시장에서 거둬들임으로써 외환공급이 외환수요를 넘어서지 않도록 했기 때문이다.

더 나아가. 일본 정부는 2022년 초부터 부진해진 국내경기를 부양할 목적으로 외환시장에 더욱 공격적으로 개입했다. 환율을 끌어올려서 수출을 늘고, 이에 따라 국내경기를 활성화시키자는 것이 시장개입의 목적이었다. 그러나 그 결과는 반대로 나타나고 말았다. 국내경기는 더욱 빠르게 하강했던 것이다.

그 이유는 또 무엇일까? 엔화 환율이 상승하자, 일본에 투자되었던 외화자산은 환차손을 입게 되었고, 그 환차손을 피하기 위해 외국자본은 물론이고 국내자본들까지 해외로 이탈하는 현상이 발생했다. 그래서 국내자본시장은 극심한 신용경색을 겪게 되었고, 국내경기 역시 빠르게 하강하고 말았던 것이다.

그뿐만이 아니다. 일본 수출은 그 절대적 비중이 엔화를 기준으로 이뤄지고 있으므로, 달러로 환산한 수출은 오히려 줄어드는 결과를 빚었고, 그래서 그동안 흑자를 기록하던 무역수지는 4월부터 적자를 기록했고, 경상수지 역시 그동안에는 대규모 흑자를 기록했었으나 7월부터는 적자로 돌아서고 말았다.

이처럼 어려운 상황에서 세계적인 금융위기가 본격적으로 진행한다면, 2023년의 일본경제는 어떻게 될까? 당연히 경제성장률은 추락할 수밖에 없다. 지난 30여 년 동안 초장기 경기부진을 겪으면서 약해질 대로 약해진 일본의 경제체력은 더욱 약해질 것이고, 이에 따라 -5%보다 더 낮은 성장률, 세계금융위기의 진앙지인 중국보다도 더 낮은 성장률을 기록할 것으로 예측된다.

2023년 한국경제

2022년 10월 23일, 우리 정부는 강원도의 레고랜드 사태로 인한 금융시장의 불안을 해소하기 위해 기획재정부 장관, 한국은행 총재, 금융위원장, 금융감독원장, 청와대 경제수석 등이 연석회의를 열어 50조 원의 채권시장안정기금을 조성하여 금융시장에 투입하겠다고 발표했다. 이것은 시의적절한 정책처방이라고 평가할 수 있다. 레고랜드 사태의 핵심인 2천억 원의 지급보증은 이것이 부도가 날 경우에 10조 원의 총유동성이 증발하는 압력을 금융시장이 받기 때문이다. 실제로 총유동성의 신용승수는 50배이다. 하지만 강원도가 지급보증을 하지 않겠다고 발표한 것이 이 사태를 초래한 것은 아주 심각한 문제라고 하지 않을 수 없다. 강원도라는 지방정부가 금융시장 불안을 일으킨 것이다.

그뿐만이 아니다. 국토부 장관은 아파트 가격이 30~40% 정도 더 떨어져야 한다고 발언했는데, 이것은 더욱 큰 문제가 아닐 수 없다. 아파트를 포함한 부동산 가격은 지나치게 올라도 투기거품을 일으키는 등 심각한 문제를 일으키지만, 30~40%씩 하락하면 더더욱 큰 문제를 일으키기 때문이다. 만약 아파트 가격이 이처럼 큰 폭으로 하락하면, 부동산의 통화기능이 크게 떨어짐으로써 신용파괴원리를 작동시켜 금융위기를 불러오는 것이 일반적이다. 실제로 부동산시장의 거품이 꺼지면 금융위기가 터지곤 했던 것이 세계사의 경험이기도 하다. 이런 사실은 국가경제 경영의 한 축을 담당하고 있는 국토부 장관이 금융위기를 초래할 정책을 언제든지 펼칠 수가 있기 때문에 어느 무엇보다 심각한 문제라고 하지 않을 수 없다.

앞에서 자세히 살펴본 것처럼, 경제정책이 적시에 적절하게 집행되면, 아무리 심각한 위기도 그 경제적 타격과 후유증 및 부작용을 최소화시킬 수 있다. 반면에, 경제정책이 경제상황에 부합하지 않을 경우 즉, 경제정책의 처방이 제때에 시행되지 못하거나 적절하지 못할 경우에는 경제재앙을 초래하곤 한다. 세계대공황은 그런 대표적인 사례에 속한다. 지금 세계 경제와 우리 경제가 맞닥뜨린 금융위기의 결말도 마찬가지로 나타날 것이다.

그럼 우리나라의 다른 경제정책은 과연 시의적절하게 시행되고 있을까? 정부는 어떤 경제정책을 펼쳐야 현재 진행 중인 금융위기를 무난하게 헤쳐나갈 수 있을까? 지금 당장 시급하게 시행해야 할 경제정책에는 어떤 것이 있을까? 금융위기가 본격적으로 진행하여 2023년 세계경제에 치명타를 입히게 될 경우에, 우리 정부는 또 어떤 경제정책을 마련하여 시행해야 할까?

위의 물음에 답하기 위해서는 어떤 문제가 우리나라의 경제난을 초래하고 있는지를 먼저 정확하게 파악할 필요가 있다. 그래야 경제난을 해소할 경제정책을 적절히 마련할 수 있고, 그러면 경제를 회복시켜서 경제위기를 극복할 체력을 비축할 수가 있기 때문이다. 무엇보다, 장차 세계적인 금융위기가 우리나라에 전염될 것에 대비한 경제정책도 미리미리 준비해둘 필요가 있다. 그래야 금융위기가 경제재앙으로 발전하지 않도록 예방할 수 있기 때문이다.

지금, 2022년 10월 하순 현재, 우리 경제에서 가장 심각한 문제는 환율의 급등이다. 즉, 원화가치의 약세가 시급히 해결해야 할 과제인 것이다. 2020년 말 1,088원이었던 우리 환율은 2021년에 들어선 뒤 꾸준히 상승하여 연말에는 1,185원을 기록했다. 2022년에는 환율상승이 더욱 빨라져 1월 말에 1,202원으로 올랐고, 7월에는 1,304원을 기록했으며, 9월 말에는 1,435원까지 치솟았다.

그런데 정부의 외환시장 개입이 없었더라면 우리 환율은 위와 같이 상승할 이유가 없었다. 경상수지 흑자가 매년 대규모 흑자를 기록함으로써 그만큼의 외환이 국내 외환시장에 추가로 유입되어 공급이 수요에 비해 그만큼 더 많았기 때문이다. 실제로 경상수지 흑자는 2019년 596.8억 달러, 2020년 759.0억 달러, 2021년 883.0억 달러 등을 기록했었다.

간단히 말해, 정부가 외환을 사들이고, 그것으로도 모자라 경상수지 흑자를 해외투자라는 미명 아래 해외로 유출시켰던 것이 위와 같이 환율을 급등시켰던 것이다. 그 이유가 무엇일까? 한마디로, 우리나라 원화가치가 상대적으로 낮아야 수출경쟁력이 높아져 수출이 증가하고, 그래야 국내경기도 상승한다고 정책당국이 잘못 믿었던 것이 위와 같은 외환시장 개입을 초래했던 것이다.

그 결과는 오히려 더 나빴다. 우리나라 수출의 상당 부분은 원화를 기준으로 이뤄지고 있어서, 달러 기준으로는 수출이 오히려 줄어들었고, 이것이 무역수지 흑자를 줄이거나 오히려 적자로 돌아서게 하기도 했다. 그뿐만 아니라, 경상수지 흑자의 해외투자를 통한 유출은, 수출로 애써 벌어들인 소득을 즉각 해외로 유출하는 것을 의미했고, 이것은 국내수요를 위축시켜 국내경기를 더욱 부진하게 하는 결과를 빚었다.

더욱 심각한 사실은, 우리나라 환율이 위와 같이 줄기차게 상승하자 환차손이 발생했으며, 국내자본과 외국자본이 환차손을 피하기 위해 해외로 이탈하는 결과를 빚었다는 것이다. 그리고 환율상승에 따른 손해를 줄이거나 이익을 키우기 위해 미래에 나타날 수요가 현재로 이동해옴으로써 수요를 배가시켜 환율이 더욱 빠르게 상승하는 결과를 초래하고 말았다.

환율이 위와 같이 급등하면서 국내 금융시장이 불안해지고 국내경기까지 하강할 기미를 보이자, 정책당국은 환율을 안정시키기 위해 외환시장에 본격적으로 개입했으나, 수요의 시간이동을 감당할 수는 없었다. 그래서 환율은 9월 말에 정부가 기대한 것보다는 훨씬 더 높은 1,435원까지 치솟고 말았다. 물론 여기에는 미국의 강달러 정책이 영향을 끼친 것도 사실이다. 하지만 뒤에 나타난 것은 원인으로 작용할 수가 없다. 즉, 미국의 강달러 정책은 수요의 시간이동에 따라 급등하고 있던 환율에 부채질을 한 것에 불과하다는 것이다.

또 하나의 문제점으로 지적해야 할 것은 한국은행의 금리정책이다. 미국은 투자의 안정성이 뛰어나므로, 국내 금융자본이 미국으로 이탈하지 않기 위해서는 국내의 이자율이 미국의 이자율보다는 대체로 2% 정도는 높아야 하는데, 최근에는 오히려 미국의 자이언트 스텝이 연이어지면서 역전되고 말았다.

이것은 한국은행의 정책적 오판이라고 하지 않을 수 없다. 환율이 급등하고 환차손을 피하기 위한 외환의 유출이 심각해진 하필이면 이때 미국과 우리나라의 금리역전이 벌어졌기 때문이다. 다시 말해, 환율 안정을 위해서는 그리고 국내자본이 해외로 유출되는 것을 막기 위해서는 한국은행이 미국의 중앙은행보다 더 이르게 그리고 더 많이 이자율을 올리는 것이 바람직했던 것이다.

무엇보다 중요한 점은, 현재 진행형이고, 2023년에는 그 속도가 더욱 빨라질 금융위기에 대처하기 위한 정책처방을 우리나라 경제를 총괄적으로 경영하는 기획재정부가 충분히 마련하고 있는가의 여부이다. 내 판단은 그렇지 못하다는 것이다. 일단, 기획재정부는 경제병리학을 전혀 모르고 있다는 것이 가장 심각한 문제이다. 그래서 수요의 시간이동과 수요의 공동화에 따른 투기거품의 형성과 그 붕괴, 신용파괴원리의 작동, 경제의 역기능의 발동 등을 전혀 이해하지 못하고 있다. 그러니 어찌 금융위기를 선제적으로 예방할 수 있겠는가?

그래서 나는 우리나라의 경제성장률이 2023년에 −2% 내지 −3%를 기록할 것으로 예측해두고 있다. 실제로 성장률이 이처럼 낮게 기록하면 어떤 일이 벌어질까? 주식시장은 지금보다 더 깊은 침체에 빠져들 것이다. 쉽게 말해, 코스피가 2,000P 아래로 떨어지는 일마저 벌어진다는 것이다. 부동산시장 역시 더 깊은 침체의 늪에 빠져들 것이다. 이렇게 되면 우리나라에서도 금융위기가 다른 나라에 못지않게 심각한 지경으로 발전할 것이 우려된다. 이런 심각한 상황에서도 정치권은 치졸한 권력투쟁이나 정신이 팔려있는 실정이다. 그러니 우리 민초들의 삶이 2023년에는 얼마나 더 고달파지겠는가 말이다.

나는 이 책을 쓰면서, 경제위기와 그 전개과정을 누구나 예측해낼 수 있는 방법은 없을까를 두고 고민을 거듭하고 또 거듭했다. 그래서 되도록이면 누구나 쉽게 이해할 수 있도록 노력을 기울였다. 이 책의 앞부분에서 대화체의 글을 배치한 것도 너무 어려운 글을 먼저 서술하면 자칫 독자 여러분들의 흥미를 잃게 할 수도 있다는 우려 때문이었다.

이 책의 후반부에서 경제원리를 이론적으로 기술한 것이 너무 어렵게 느껴졌을지도 모른다는 내 염려가 그런 우려를 더욱 크게 했다. 제발 어느 독자든 도중에 너무 어렵다고 포기한 분이 없었으면 좋겠다. 내가 이 책을 집필하려던 애초의 취지가 충분히 살려졌으면 좋겠다. 이 책을 읽은 모든 분이 경제위기를 예측해낼 수 있도록 하겠다는 그 취지 말이다. 그렇게 되었기를 간절하게 기대해 본다. 최소한 독자 여러분들이 다음과 같은 경제원리들만 알게 되었더라도 이 책의 목적이 어느 정도는 달성되었다고 나는 생각한다.

1. 모든 경제위기는 금융위기를 경유한다.
2. 금융위기는 반드시 광기, 공포, 붕괴 등의 과정을 거친다.
3. 광기는 수요의 시간이동으로 주식시장과 부동산시장에서 투기가 일어나면서 발생한다.
4. 공포는 수요의 공동화에 따른 주식시장과 부동산시장의 가격폭락으로 발생한다.
5. 붕괴는 신용파괴의 경제원리가 작동하여 발생시킨다.
6. 경제재앙은 경제의 역기능이 국가경제의 생산성을 떨어뜨려 발생시킨다.
7. 경제재앙의 심각성은 정부와 중앙은행이 어떤 경제정책을 펼치느냐에 달려 있다. 무엇보다, 세계 주요 국가들이 공동으로 정책대응을 마련하는 것이 필수적이다.

끝으로, 이 책이 출판되기까지에는 많은 분의 노고가 깃들어 있다. 그 모든 분들께 감사의 말씀을 드린다. 특히, 내 원고를 꼼꼼이 읽고 윤문을 해준 고명석 교수에게 감사드린다.

경제파국으로 치닫는 금융위기

초판 1쇄 발행 2023년 1월 5일
초판 6쇄 인쇄 2023년 5월 10일

지 은 이 최용식
발 행 인 전익균

이   사 정정오, 김영진, 김기충
기   획 권태형, 조양제
편   집 김 정
디 자 인 페이지제로
관   리 김희선, 유민정
언론홍보 (주)새빛컴즈
마 케 팅 팀메이츠

펴낸곳 새빛북스
전화 (02) 2203-1996, (031) 427-4399 팩스 (050) 4328-4393
출판문의 및 원고투고 이메일 svcoms@naver.com
등록번호 제215-92-61832호 등록일자 2010. 7. 12

가격 18,000원
ISBN 979-11-91517-38-5 03320

* (주)새빛컴즈는 새빛에듀넷, 새빛북스, 에이원북스, 북클래스 브랜드를 운영하고 있습니다.
* (주)아미푸드앤미디어는 북카페 아미유를 운영중에 있습니다.
* 파본은 구입처에서 교환해 드리며, 관련 법령에 따라 환불해 드립니다.
  다만, 제품 훼손 시에는 환불이 불가능합니다.